いきなりドラマを面白くする
シナリオ錬金術
ちょっとのコツでスラスラ書ける37のテクニック

「シナリオ教室」シリーズ
増補改訂版

浅田直亮❖著
西純子❖イラスト

美猫オーディション
綺麗だけれど、どの娘も同じに見えますよねえ。
審査席
う〜ん
4番、目を引きますねえ
優勝だな！

言視舎

「シナリオ教室」シリーズ　増補改訂版　いきなりドラマを面白くするシナリオ錬金術　目次

3 〈シーン〉と〈セリフ〉を磨く講座

4 発想を刺激するヒント

5

錬金術増補1〜4

イントロダクション

同じアホなら踊らにゃ損々！　の術

「な～んだ、書けるじゃん」ということになるコツが満載です。

まず、ちょっと目次を見てください。たとえば「イケメンのインストラクターと痔の薬の術」なんて書いてあって、何やら楽しそうでしょう？

パラパラっとページをめくってイラストを見てください。とても可愛くて、これだけ見ても面白そうでしょう？

こんなの、今までに出されたシナリオの本には、なかったと思います。

この本は、今までのどんなシナリオの本より、とことん分かりやすさにこだわりました。

そして、とことん楽しいことにこだわりました。

分かれば分かるほど、書いてみたくなるからです。楽しければ楽しいほど、書き続けたくなるからです。

そして、書けば書くほど、面白いシナリオが書けるようになります。

逆にいうと、書かなければ始まりません。書かなければ面白くなりません。

楽しく書くのが一番

「私に（シナリオを書く）才能がありますか？」と聞かれることがあります。

正直、分かりません。本当のところはシナリオの神様にしか分からないでしょう。

たまに自分には才能を見抜く力があるという人がいますが、たいてい、その時に何人かいる中で一番面白く書けている人を

「才能がある」と言っているに過ぎません。

でも実際には、最初はあまり面白く書けていなかった人が、書き続けていくうちに、どんどん面白く書けるようになって、やがて周りの誰よりも面白いシナリオを書くようになることが本当にたくさんあります。

だからでしょう、書き続けられることが一番の才能だという人もいます。

じゃあ、書き続けるには？

人がヤル気を起こすには、脳の中の大脳辺縁系というところが大切だそうです。

まず、何かをやろうとするとき大脳辺縁系の海馬というところが、それに関わる記憶を思い出します。それをもとに扁桃体というところが好き嫌いの判断をします。楽しかったな、とか、好きだな、と判断するとヤル気がおきるわけです。

つまり、シナリオを楽しく書ければ書けるほど、ヤル気が出て書き続けられるのです。

ということは、**シナリオを書いてみて楽しいと思えるなら「才能がある」**と言えるのかもしれません。

また、すでにシナリオを書いていて、なかなか面白いシナリオが書けず「自分には才能がないかも……」と思っている人、この本を読めば、な〜んだ、そういうことだったのかと、まさに目からウロコなはずです。そして、自分が書けなかったのは才能がなかったわけではなく、**ただコツを知らなかっただけ**と気づくでしょう。そういったコツをこの本は「錬金術」と呼んでいます。


もう一つ、楽しく書くコツがあります。

こうしてはダメ、ああしてはいけないと**マイナスで考えない**ことです。

ここがダメ、あそこをこう直しなさい、と欠点を指摘したり弱点を直していくやり方では、まず書いていて楽しくないですし、それでは面白いシナリオが書けるようにはなりません。

欠点や弱点のないシナリオにはなりますが、欠点や弱点のないシナリオが面白いシナリオではないからです。

欠点や弱点はひとまず置いておいて、こういうものをプラスしていきましょう、さらに、こうしてみましょう、もっと面白くなりますよ、と面白くなる要素を一つずつ加えていってみてください。

そうすれば欠点や弱点はあるかもしれませんが、面白いシナリオになっていきます。

自分の書くシナリオが面白くなればなるほど、当たり前ですが書くのが楽しくなります。

すぐに書き始めましょう

というわけで、この本は最初から順番に読む必要はありません。

楽しそうだな、面白そうだなと思ったところから読んでみてください。

分かりやすく書いているので、ちょっと試しにシナリオを書いてみたくなるはずです。

すぐに書いてみてください。何枚でも構いません。短くていいのです。

本の中で「20枚シナリオ」というのが何回も出てきますが、これは２００字詰め原稿用紙20枚の、映像にすると10分あるかどうかの短いシナリオです。

私が講師をしているシナリオ・センターでは、この「20枚シナリオ」を何本も書いてもらうことでプロのシナリオライターになる力をつけてもらっています。

最初は3枚でもいいんです。

そして、本を読みながら面白くなる要素を一つずつプラスして書いていってください。だんだん書く枚数も自然に増えていき、と同時に、より面白いシナリオが書けるようになっていくはずです。

ぜひ、この本をきっかけにシナリオを書き始めてください。

すでにシナリオを書いている人は、この本を読んで、さらに楽しく書き続けていってください。

踊る阿呆に見る阿呆、同じアホなら踊らにゃ損々は、シナリオについてもいえるのです。

1

キャラクター
養成講座

キャラクター養成講座

嘘つきは達人の始まりの術

「そんな人いない」があなたのシナリオを面白くする――キャラクターづくりの発想法。

自分が書いたシナリオを誰かに読んでもらったとき、「**こんな人は実際にはいない**」とか「こんなことは実際にはない」などというようなことを言われたことはありませんか？

そう言われた時、あなたは、どのように考えましたか？

「実際にいそうな人を書かなきゃ」とか「次は、もっと実際にありそうなことを書こう」と思いました？

だとしたら、逆なのです。

実際にいそうな人が、実際にありそうなことをしているのを描いても、なかなか「面白い」とは思ってもらえません。もちろん、まったくできないわけではないかもしれないけれど、とてつもなく至難の業なのです。

むしろ、ちょっと実際にはいそうにない人が、実際にはありそうにないことをするほうが「面白い」と思わせやすいのです。

なので、「こんなことは実際にはない」とか「こんな人は実際にはいない」などと言われても、まったく気にする必要はありません。

いや、それどころか「だったら面白くなりそうだぞ！」と思っていいのです。

実際にはいそうにない人や実際にはありそうにないこと＝嘘を考えてください。

そして、サンタクロース（サンタクロースは実際にいると信じている人もいるかもしれませんが……）や人魚姫、天狗や河童や桃太郎、鶴の恩返しやシンデレラのような、みんなに愛される大嘘を目指しましょう。

というわけでシナリオ錬金術のオープニングは、**嘘つきは達人の始まりの術！**

ドラマは大嘘だらけ

たとえば、大ヒットしたテレビドラマ『**太陽にほえろ！**』の歴代新人刑事をみてみましょう。

初代がマカロニです。

マカロニですよ？　マカロニ……仲間の先輩刑事からマカロニと呼ばれている刑事

なんて、どうですか？　自分の家が泥棒に入られて、捜査に来た刑事さんたちの中に「おい、マカロニ、そっちもちゃんと調べとけよ」なんて言われている刑事がいたら、そんなマカロニなんて呼ばれてる刑事に任せて大丈夫かよ、あいつだけ帰ってほしいな、と思いませんか？

　マカロニやジーパンは、まだいいとして、テキサスなんて、いつもテンガロンハットを被っているんですよ？　コツコツとドアがノックされ「七曲署の者ですが、この間近所で起きた事件の聞き込みをしています。ご協力ください」とか言われて開けてみるとテンガロンハットの男が立っていたら、即ドアを閉めて警察に通報しますよね。

　そうなのです。そんな刑事は実際にはいないのです。

　同じ刑事ドラマでは**『警部補・古畑任三郎』**も実際にはいないでしょう。

　職業ものでいえば刑事ドラマや教師ものは、そんな奴はいないよという設定が多くなっています。

『あぶない刑事』しかり、**『スケバン刑事』**なんて実際にはありえません。**『GTO』**や**『ごくせん』**だって、そんな教師いないでしょう。

　それに比べて医者が主人公のドラマは、そんな医者は実際にはいないよというのが少なくて、比較的、実際にいそうな設定になっていることが多いようです。

　それでも、たとえば**『白い巨塔』**の主人公・財前ほどゴリゴリに権力欲むきだしの医者は珍しいでしょうし、また、反対に里見ほどヒューマニズムな医者も少ないでしょう。

　一番、実際にいそうなのは佃医局長かもしれません。財前の腰巾着です。しかし、佃が主人公では「そのドラマを見たい」とは、なかなか思ってくれませんし、「面白い」と思わせるドラマにするのも難しいでしょう。

実際にいない人のほうが面白い

勘違いしないでくださいね。実際にはいないような人を書かなければいけないとか、実際にいそうな人を書いてはいけないと言っているわけではありません。

　シナリオには、こうしなければいけないとか、こうしてはいけないということは何一つありません。

　ただ、むしろ、実際にいそうな人、ありそうなことを描かなければならないと思い込んでいる人が結構、多いのではないでしょうか。

　そんなことはありませんよ、実際にはいそうにない人やありそうにないことを描いてもいいし、むしろ、そのほうが「面白い」と思わせやすいですよ、ということなのです。

　ラブストーリーでいえば**『101回目のプロポーズ』**みたいに、走ってくるトラックの前に飛び出していって「僕は死にましぇ〜ん」なんていう人は実際にはいません。**『東京ラブストーリー』**の赤名リカもそうです。道の真ん中で「カ〜ンチ！セックスしよ！」なんて叫ぶ人は実際にはいないでしょう。

『ロング・バケーション』の南のように、白無垢角隠しの花嫁衣装で息を切らせて突っ走る人なんて見たことはありません。

ホームドラマでいえば**『北の国から』**の五郎ちゃんのように北海道の山の中の電気もガスも水道もないところへ、しかも、小学生の息子と娘を連れて、いきなり移住する人は珍しいでしょう。

『ちゅらさん』の恵里だって、小学生のときに「大きくなったら結婚しようね」と約束した相手を、ずっと好きでいるなんて、めったにいないでしょう。

こうやって見てみると、大ヒットドラマは、実際にはいない人を描いていることが多いのに気づかされます。

いや、映画だって負けていません。**『ローマの休日』**のアン王女も、**『用心棒』**の桑畑三十郎も、**『男はつらいよ』**の寅さんや**『釣りバカ日誌』**のハマちゃんも、**『タクシー・ドライバー』**のトラビスだって**『タイタニック』**のジャックだって**『猟奇的な彼女』**の〝彼女〟だって、程度の差こそあれ、実際にはいないような人たちばかりです。

『ピンポン』の登場人物たちを見てください。まあ、これは漫画が原作なので特に実際にはいそうにない感が強いのですが、ドラゴンなんて「彼に対する誹謗中傷は不愉快極まりない」とか「月本君、君と語らいたいのだ」とか言っちゃうんですよ。高校生で「笑止！」なんて言う奴、あったことがありません。というか、高校生どころか大人でもありません。

それに対して「そんなことをいう人は実際にはいません」と言ったところで何の意味もありません。ましてや「この人たちは高校生なのに全然学校で勉強してないし、こんなのは実際にはありません」なんて、それこそ「笑止！」です。

発想の元は実際にいる人

では、**どうすれば**、実際にはいそうにない人を発想することができるのでしょう？　実際にいそうな人なら簡単です。自分の身の周りを見渡せばいいのです。実際にいそうな人ですから、身の周りにいるはずです。でも、実際にはいそうにない人ですから、いくら周りを見渡したって、なかなかいそうにありません。

でも実は、実際にはいそうにない人も、発想の元は、実際にいる人なのです。

たとえば、いつも上下がGパンGジャンの人や、いつもテンガロンハットを被っている人は周りにいないかもしれませんが、自分の服装にこだわりを持っていて、いつも何かを身につけているという人はいるはずです。いつも銀のアクセサリーを身につけているとか、いつも横縞のボーダー柄の服を着ているとか。**それを極端にしてみる**のです。

すごく真面目でストイックな人で、話し言葉なのに妙に丁寧に、ですます調で話す人っていませんか？　それを極端にしていくと『ピンポン』のドラゴンになります。

便利な大ポケット

小学生の時に結婚しようと言って結婚した人はめったにいないかもしれませんが、中学や高校の時から、ずっと付き合い続けて結婚した人なら少ないかもしれないけど、いるはずです。それを極端にするのです。

そして、ポイントは、**そんな人なら、どんな行動をしたり、どんなことを言ったりするかな**、と考えてみてください。

できれば、普通の人ならしない（言わない）けど、この人ならやりそう（言いそう）なことを考えて描いてみましょう。

『白い巨塔』で、こんなシーンがありました。助教授である財前が、自分を教授にしようとしない東教授と言い争いになり、東教授が「とにかく掛けたまえ」と応接セットを示します。と、財前は応接セットに座らず、教授の椅子に座ってしまうのです。憤慨する東教授に財前は「掛けたまえと仰ったじゃありませんか」と言い放ちます。こんなこと普通ではやりません。でも権力欲が強く負けず嫌いの財前なら、いかにもやりそうです。

そうやって、実際にはいそうにない人が、普通はやりそうにないけれど、その人ならやるかもしれないというところを描いてみてください。きっと今までにない生き生きしたシナリオになると思いますよ。

ワンポイント
「いそうにない人」はフツーの人のクセやこだわりを極端化して

キャラクター養成講座

人の弱みにつけこんじゃえの術

「自分と同じダメなところ」を持たせると、感情移入できる――「共通性」への近道。


オリンピックのマラソンのテレビ中継があるとします。どうなれば、あなたは中継を観ますか? そして、どうなればテレビに釘付けになるでしょう?

もちろんレース展開も大切な要素でしょう。でも、どんなに劇的なレース展開だとしても、カザフスタン共和国やトリニダードトバコの選手がトップを争っていて日本人選手がからんでいなかったら、どうですか?

最初からマラソンそのものの大ファンで、どんな選手だろうと観るという人もいるでしょうが、みんながみんな、そういうわけではありません。やはり日本人選手がトップ争いをしているほうが観ますよね。

これが、たとえば自分と同じ故郷や地元の出身者だったり、自分と同じ学校の先輩後輩や自分と同じ町に住んでいたり同じ会社だったりすると、さらに応援はヒートアップしテレビ中継に釘づけのはずです。

自分と同じ、というのがポイント。

「ああ、自分と同じだ」と思えば、より感情移入し応援したくなるのです。シナリオの基礎を教える講座で人物の描き方についてお話ししている**共通性**が、これです。

主人公に、観客や視聴者が「ああ、自分と同じだなあ」とか「自分と似たようなものだなあ」と思うような共通性を持たせることで、観客や視聴者が主人公に感情移入して思わず応援したくなるようにするのです。

ところが、この共通性、意外と難しいと思っている人が多いようです。

確かに、オリンピックのマラソンなら同じ日本人というだけで応援してくれますが、シナリオでは、そうはいきません。

同じ故郷や地元の出身者、たとえば長野県の出身だとすると、長野県出身の人にとっては共通性ですが、それ以外の人には何の関係もありません。

じゃあ「ああ、自分と同じだなあ」と思わせて感情移入させるような共通性って、具体的にはどういうものでしょう？　それも、限られた人にではなく、より多くの観客や視聴者に。だいたい、そんなオイシイ共通性なんて、あるんでしょうか？

これが、あるんです！

ズバリ、今回のシナリオ錬金術、**人の弱みにつけこんじゃえの術**です。

共通性ってむずかしい？

人には必ず弱いところやダメなところがあります。いいところばかりで何の弱点も欠点もない人なんて、この世に存在しないでしょう。この**弱いところやダメなところを描くと、共通性になりやすい**のです。

ところが、じゃあ弱いところやダメなところを描くと何でもかんでも共通性になるかというと、そうでもないんです。ここが難しいところです。

以前「女性のパンストを見ると触りたくなるパンストフェチというのは共通性になりますか？」と質問されたことがあります。

これは確かに弱いところダメなところなんですが、「ああ、自分と同じだ」と思う人が、ごく一部の人に限られるので、このままでは共通性にはなりにくいでしょう。

ただ、パンストフェチを何とか克服しようと、もうやめなきゃいけないと思っているのだけど、どうしてもやめられない男となると「ああ、自分と同じだ」と思ってもらえるかもしれません。誰でも、やめなきゃいけないと思いながら、どうしてもやめれないことは覚えがあると思うので。お酒とかタバコとか、ダイエット中のケーキとか。

よくやってしまうのが、かつて女の子にフラれたために女性と会話ができなくなった男、という例です。一瞬、ああ、なるほど女の子にフラれたから女性と話せなくなったのか、と納得はするかもしれませんが、しかし、女の子にフラれたからといって全然気にせず女性と話せる人もいますし、もしかしたら女の子にフラれた過去に復讐するかのように女性を引っかけまくって捨てまくる人もいるかもしれません。

もちろん女の子にフラれて女性と話せなくなる人もいるでしょうし「その気持ち分かるなあ、自分と同じだ」と思う人もいるでしょう。でも、自分はそうはならない、という人も主人公の気持ちが分からない、という人もたくさん出てきてしまうのです。

こう考えてくると、より多くの観客や視聴者が「自分と同じだ」と思って感情移入してくれるような共通性って、なかなかむずかしそうです。

主人公の性格

ところが、実は、とっておきの方法があるんです。こうすれば、ほとんどの人が「ああ、自分と同じだなあ」と思ってくれる必殺技が。それは、**性格**です。性格的な弱いところやダメなところを主人公に持たせて描くのです。

これは占い師の人たちが使ったりするテクニックでもあるのですが、たとえば「あなたは人の目を気にするところがありますね」と言われると、ほとんどの人が「ああ、あるある！」と思うものなのです。

それはそうです。人の目をまったく気にしない人なんて、そうはいません。はたから見ていて「いいなあ、あの人は人目を気にせず思った通りに振る舞っていて」と思うような人でも、どこかしら人目を気にしているところがあるものです。もしかしたら、人前では傍若無人に振る舞っていても一人になると結構気にしていたりするかもしれません。

程度の差はあるかもしれませんが、ほとんど誰もが人の目を気にしているところがあるでしょう。

なので、主人公を人の目を気にする性格に描くと、観客や視聴者は「自分も同じようなところがあるなあ、主人公の気持ち、分かるなあ」と感情移入してくれるのです。

描く時は、性格的な弱いところやダメなところが、しっかりと伝わるように、多少、強調するぐらいに描いてみてください。

そんなことしたら、自分とは違うと思われるんじゃないか？

確かに「あなたは意地っ張りですね」と言われると「ああ、そうだなあ、自分は意地っ張りだなあ」と思う人もいれば「いや、自分はどちらかというと人に流されるタイプだから違う」という人もいるでしょう。

でも「あなたは意地を張ってしまうところがありますね」と言われると、ほとんどの人が「ああ、そういうところもあるなあ」と思うのです。生まれてから一度も意地を張ったことがない人というのも珍しいでしょう。なので、意地っ張りでない人も、主人公を意地っ張りに描けば「自分はあんなには意地を張らないけど、でも自分にも同じようなところがあるなあ」と思ってくれるのです。

性格的な弱いところダメなところ

実際に、主人公の性格的な弱いところやダメなところを考えるのに参考にしてほしい例がテレビドラマ『ＨＥＲＯ』です。

キムタク演じる主人公は、通販オタクという共通性を持っています。これは、自分の目で実際に見て、やってみないと気がすまない性格ゆえなのです。通販番組を見ると手に入れたくて仕方なくなるのです。

そして、この性格は検事として事件を調べる時、調書だけでなく実際に現場に行ったり自分でやってみたりして確かめないと気がすまないという形で現われます。そこで調書の矛盾が明らかになったり隠されていた真相が浮かび上がって事件を解決するのです。

映画『**陽気なギャングが地球を回す**』の大沢たかお演じる成瀬もそうです。とにかく人を傷つけたくない性格のため人（特に恋愛）に対して臆病になっています。そして、成瀬は人が嘘をついているか本当のことを言っているか瞬時に見分けます。

人を傷つけたくない傷つけたくないと思うあまり嘘を見破れるようになったのか、嘘を見分けられるので人を傷つけまいとして人や恋愛に対し臆病になったのか、どちらにしても一つの性格が共通性（弱いところやダメなところ）にもなり憧れ性（普通はできないことがやれてしまう）にもなるのです。

なので、まずは主人公が、どういう性格かをイメージしてみましょう。そして、その性格の弱いところダメなところを考えてみてください。正義感が強ければ融通がきかないかもしれません、優しい人は優柔不断になりがちです、つねに周囲を気づかい協調性がある人は自己主張が苦手かもしれません。

そんなふうに主人公の性格的な弱いところやダメなところを考えて描いてください。きっと観客や視聴者が「ああ、自分も同じところがあるなあ」と感情移入してくれる主人公になると思います。

葛藤がつくりやすい

この性格的な弱いところやダメなところを持たせると、もう一つメリットがあります。**葛藤をつくりやすくなる**のです。

たとえば、好きな人にラブレターを渡そうとする、が、渡すのをやめようとする、が〜という葛藤を作るとします。その時、どうして主人公がラブレターを渡すのをやめようと思うのかという動機づけを、この性格的な弱いところやダメなところから考えてやればいいのです。

そして、人の目を気にする性格なら、どういうことが起こったり、どういうことを言われたら（どういうリトマスをぶつけたら）ラブレターを渡すのをやめようと思うだろう、と考えてやればいいのです。あるいは意地っ張りな性格なら、どういうことが起こったり、どういうことを言われたりしたら、渡すのをやめようと思うだろう、と考えてやればいいのです。

ワンポイント

「自分と同じ」弱い性格で感情移入しやすくさせる

キャラクター養成講座

怠け者は発明の母の術

性格による動機づけで感情移入できるシナリオになる。

リモコンを発明した人

テレビのリモコンって一体、誰が発明したんでしょう?

私が子どものころは、回転式の大きなつまみみたいなのが本体についていて、チャンネルを変える時はテレビまで近づいていってガチャガチャと手で回すのが当たり前でした。

たぶん、リモコンを発明した人は、寝っ転がっていたかコタツに入ってテレビを観ていて、チャンネルを変えたいけど起き上がっていったりコタツから出るのが面倒臭かったんじゃないかと思うのです。

で、このままチャンネルが変えられたらいいなあ、というのがキッカケだったのではないでしょうか。

つまり、怠け者です。怠け者だからこそリモコンを発明したのだと思います。

そう考えてみるとリモコンだけじゃなく洗濯機や掃除機、電子レンジや炊飯器を発明した人も怠け者のような気がしてきます。

いや、実際に発明した人が怠け者だったかどうかは定かではありませんが、たとえばシナリオでは「ある人がリモコンを発明する」と描くのと「**怠け者がリモコンを発明する**」と描くのとでは、どうですか?

受けるイメージが全然違いませんか?

「ある人がリモコンを発明する」だと、へえ、そうなのか、という感じなのに対して、「怠け者がリモコンを発明する」だと、ふむふむ、なるほど、その気持ち分かるなあ、となります。前者は、あくまでも他人事。でも後者は、自分に身近なことのように感じられます。

つまり**感情移入する**のです。

この「怠け者」の部分は「発明する」という行動の動機づけになっているのです。

シナリオでは、人物（特に主人公）が何か行動するとき、その動機づけがあると観客や視聴者が、より感情移入しやすくなるのです。

観客や視聴者は、感情移入すればするほど「面白い」と思ってくれます。

というわけで、このシナリオ錬金術は、**怠け者は発明の母の術!**

こういう性格だから こういう行動をする

じゃあ、人物が何か行動するときの**動機づけ**って一体何なのでしょう?

ズバリ、性格です。

シナリオ・センターの創立者である新井一先生は『シナリオの基礎技術』（ダヴィッド社）の中で「すべての人物の動きは、その動きの前の性格による活動があった、その結果にほかならない」と述べて『忠臣蔵』の松の廊下の場面を例に上げています。

浅野内匠頭は潔癖な性格です。吉良上野介は強欲な性格です。強欲な吉良は賄賂を要求します。が、潔癖な内匠頭は賄賂を断固拒否します。すると強欲な吉良は松の廊下で内匠頭を執拗に罵ります。すると潔癖な内匠頭は許せん! と刃傷に及ぶのです。

二人のすべての行動が、潔癖であるという性格と強欲であるという性格から生まれてきているわけです。

動機づけのよくない例に、ある男が女の子にこっぴどくフラれたために、女性と口がきけなくなってしまう、というのがあります（前項目参照）。

なるほど女の子にフラれたから口がきけなくなったとすると、一瞬、納得できるような気もします。でも、女の子にフラれたからといって女性と口をきけなくなる男も確かにいるかもしれませんが、全然平気で懲りずに女性を口説いてはフラれまくっている男もいます。女の子にフラれたことを根に持って、かえって女性を次々と引っかけては捨てることで復讐しようとする男もいるかもしれません。

じゃあ、女の子にフラれるという同じ出来事があったのにもかかわらず、どうして、いろいろ違う行動をするのかというと、これこそが性格の違いなのです。

なので、こういう出来事があったから、こういう行動をする、というのではなくて、こういう出来事があって、**こういう性格だから、こういう行動をする**というように、性格による動機づけを加えてみてください。

より多くの人が、ふむふむ、なるほどなあと納得したり、その気持ち分かるなあと感情移入できるシナリオになって「面白い」といわれるようになるはずです。

「好き」に動機は いらないけれど……

さて、この動機づけで難しいのは、ラブストーリーなどで人物（特に主人公）が誰かを好きになるときです。

なぜ難しいかというと、私たちが実際の日常生活で誰かを好きになるときは、とりたてて動機づけがあるわけではないからです。何となく、いつの間にか魅かれてしまっていることが多いと思います。あるいは一目惚れとか、いずれにしても、どうして好きになったのかを明確に意識することは少ないでしょう。いや、心理学とか何か分析をすると実は明確な動機づけがあるんでしょうけれども、それを自分で認識することは難しいと思います。

もちろん顔や姿がタイプだったとか、たとえば指の形が自分の好みだったという外見の要素もあるでしょうが、これは同じタイプや好みの人だけが感情移入できて、それ以外の観客や視聴者は感情移入できなくなってしまいます。

ただし、人を好きになる気持ちというのは、誰もがと言っていいくらい大多数の人が経験しているので、多くの観客や視聴者が感情移入しやすいものではあります。だからこそ、より広汎な視聴者をターゲットにしているテレビドラマではラブストーリーや、他のジャンルでも恋愛の要素が入っていることが多いのです。

なので、人物が誰かを好きになる動機づけが必ずしも必要はないかもしれませんが、動機づけを描くことで観客や視聴者を、さらに深く感情移入させることができる、つまり「面白い」と思わせることができるわけです。

そして、人物が誰かを好きになる動機づけも、ポイントは性格です。

違う性格だから魅かれ合う

例として、まず映画『恋のゆくえ〜ファビュラス・ベイカー・ボーイズ』を見てみましょう。

デュオを組む兄弟ピアニストの弟は、無口で無愛想な性格です。それは実は周りを傷つけたくないし自分も傷つきたくないために思ったことを口に出さないようにし、他人との距離を置くようにしているのです。

特に本当は兄から離れ一人立ちしてジャズ・ピアニストとして自分の可能性を試してみたいと思っているのですが、デュオの仕事で家族を養っている兄のために自分の思いを押し込めています。

ところが、その兄弟のピアノ・デュオに加わることになった女性ジャズ・シンガーは、周りを傷つけることも自分自身が傷つくことも怖れず思ったことをバンバン口にします。

そんな女性ジャズ・シンガーに弟ピアニストは、いいなあ、と魅かれていくのです。

このように**好きになる人物と相手の性格をまったく違うものに**して、相手が自分にないものを持っていたり、自分にできないことをやれてしまうようにすると、そこに魅かれていく気持ちが描きやすく観客や視聴者にも伝わりやすい動機づけになります。

最近のテレビドラマでは『**佐々木夫妻の仁義なき戦い**』がそうでした。

第1話の冒頭は夫婦となる二人が出会って結婚するまでを描いているのですが、稲垣吾郎さん演じる夫は、何でもきちんとしなければ気がすまない几帳面な性格です。仕事もプライベートもうまくいかず落ち込んで居酒屋へ飲みに行くのですが、出された料理がまずくて、ますます落ち込みます。

　そんな時に小雪さん演じる妻が現われ「大丈夫よ、ケチャップとマヨネーズさえつけとけば何とかなるから」と。実際食べてみると、これが美味かったのです。


　小雪さんは、よくいえば大らか、悪くいえば大雑把でいい加減な性格。映画の時間に遅れて稲垣さんが「最初のシーンを見逃すなんて映画見る意味がないですよね」と言えば、小雪さんは「いいじゃないですか、10分ぐらい適当に想像すれば」と答えます。

　そんな小雪さんに稲垣さんは「気が楽になる」と魅かれ、靴ひもを完璧な左右対称の蝶々結びにしている稲垣さんに小雪さんは「何か安心する」と魅かれるのです。

優しさの向こう側

そして、お互いが魅かれ合った動機づけが、お互いの性格なのと同時に、この後に巻き起こる対立の火種も、お互いの性格にあります。

最初はCD。モーツァルトのケースにシャ乱QのCDが入っていたり、ケースと中身がバラバラなのが稲垣さんには許せません。原因は小雪さん。モーツァルトを聴こうとしてCDを取り出すと、前に聞いていたシャ乱QのCDを、そのままモーツァルトのケースにしまってしまうのです。稲垣さんが元に戻せというと、小雪さんはケースを踏みつけ壊してしまいます。だったら、いっそケースなんてなければいいじゃない、と。そこから二人の仁義なき戦いが始まります。

魅かれるのも対立（ケンカ）も動機づけは性格。このコツさえ覚えておけばドラマの王道ラブストーリーだって屁のカッパです。

ワンポイント

○○な性格だから○○という行動をするという発想

キャラクター養成講座

狙い球はストレートの術

キーワードは「ひとつだけ！」一点に狙いをしぼってキャラクターを考えよう。

「もっと人間を描きなさい」と言われたことは、ありませんか？

そう言われて、自分は牛や蛙、ロボットや異星人の話を書いているわけではなく、ちゃんと人間の話を描いているのに、おかしいなあ、と疑問に思った方もいらっしゃるでしょう。

だいたい「シナリオは人間を描くんだ」などと、よく言われたりしますが、この「人間を描く」って具体的には、どういうことでしょう？

「人間を描く」なんて言われると人生の達人や哲学者みたいなイメージで何だか難しそうですが、実は、そんなに難しいことではありません。

キャラクターを描こう

いくつかのポイントがありますが、その一つは**ストーリーではなくてキャラクターを描くこと**です。

たとえば、かつて好きだった女の子に、こっぴどくフラれたために、女性と話すことができなくなった男というのは、厳密に言えばキャラクター設定ではありません。

好きだった女の子にフラれたという出来事と、女性と話すことができなくなったという出来事を並べただけのストーリーです。その人物のシナリオが始まる以前のストーリーなので**バックストーリー**と呼ばれています。

ストーリーというのは、どうにでもなります。好きだった女の子にフラれたために女性に復讐しようと女の子を引っかけまくっては捨てるようになった、でもいいですし、女性の心理を徹底的に分析し研究するようになった、でもいいですし、まったく懲りずに女の子に告白してはフラれまくってる、でもいいわけです。

じゃあ、この違いは何かというと、これこそキャラクターの違いです。

たとえば、かつて好きな女の子にフラれ、気が小さい性格のために二度と傷つくことをおそれて女性と話ができなくなった、となるわけです。

気が小さい性格というのがキャラクターですね。

女の子にフラれたという出来事があって、キャラクター（性格）があって、そのキャラクターだからこその感情の動きがあって、行動や結果としての出来事があると、人間が描かれてくるわけです。

さて、このキャラクターを考える時に、ちょっとした（実は、とっておきの！）コツがあります。

ここでは、そのコツについて、お話したいと思います。

題して、**狙い球はストレートの術！**

ひとつだけ考える

プロ野球のバッティングコーチの、こんな話を聞いたことがあります。相手チームのピッチャーを打ち崩そうというときに全員で狙い球を決めて、その球だけ打つようにするという作戦がありますが、その時、たとえば「ストレートを狙っていけ」とだけ言うのが有効だそうです。「ストレートを狙っていけ。でもフォーク（変化球の一種です）もあるから気をつけろ」と言うと、かえってみんなフォークに手を出してしまうのです。

ストレートを狙おう、でもフォークも……となると、本当はストレートを狙うほうが大切なのにフォークのほうに気を取られて頭の中がバラバラになってしまうのではないでしょうか。

キャラクター作りのコツも同じです。その人物が、どういう人なのか**最も特徴的な**

ことをひとつだけ考えることです。

え？　ひとつだけ？　と思われた方が多いでしょう。そうなんです、ひとつだけでいいんです。というか、むしろ、あれやこれや考えないほうがいいんです。

　キャラクターを考えていて、あれやこれや考えれば考えるほど、どんどん分からなくなっていってしまったことは、ありませんか？　実は、最初から、あれこれキャラクターを考えてしまうとイメージがバラバラになって、かえってキャラクターが見えなくなってしまいますし、観客や視聴者にも一体どんな人なのか伝わりにくくなってしまうのです。

　たとえば、気が小さくて、冗談を言うのが好きで、周りの人には隠しているが実は運動神経が鈍くて、子どもが好きで、働き者で……ね？　どんどん、わけが分からなくなってくるでしょう？

　なので、まずはひとつだけ、その人物がどんな人なのかを考えてみてください。

　先ほどの例でいえば、気が小さいだったら気が小さいだけでいいのです。

　そして、この、気が小さいということだけで、より強くイメージを固めたり、より具体的にイメージしたりしてみるのです。

　たとえば、気が小さいんだから用心深くて心配症なんだろうな、とか、神経質かもしれないぞ、とか、何かあるとパニクったりするかも、とか。あるいは、計画性はあるしコツコツ努力するんだけど本番に弱いんじゃないだろうか、とか。

　こうやって最初にひとつだけ考えて、**それを出発点にする**と、考えれば考えるほどキャラクターのイメージが強くなってきて、シナリオになった時も観客や視聴者に伝わりやすくなっています。

　よく「履歴書を書け」と言われますが、これも曲者で、いきなり、あれこれ考えるとイメージがバラバラになる可能性大です。

　この場合も、まずはひとつだけ、**いわばキーワードになるようなものを考えておくこ**とをお勧めします。そして、つねに、そのキーワードから考えるか、キーワードにからめて考えてみてください。

たとえば「重い女」

『月刊シナリオ教室』の２００８年の６月号に連続ドラマ『**絶対彼氏**』のシナリオを書かれた根津理香さんのインタビューが載っていました。

　そこで『絶対彼氏』の主人公・梨衣子のキャラクター作りについて「キャッチーな一言で表現できるキャラクターということで、重い女になりました」と話されています。

　重い、というのは体重ではなく、男にとって重荷になる女です。

　そして、好きな男がくれた使い捨てカイロを、カイロが冷たくなっても大事に取っておく、というエピソードが第一話の主人公の最初のシーンとして描かれています。

　一方で、主人公はケーキ作りが好きで得

意です。これも、主人公は好きな人に手作りのケーキをプレゼントしたりする（ドラマの後半では手編みのマフラーなんかも出てきました）女の子という、まさに、**重い女**のイメージなんですが、それが、ケーキ作りがうまくてパティシエを目指すようになるという特技に結びついています。

ほかにも、好きな人のためだったら自分のことは置いておいて、まず力になろうとしたり、主人公以上に一途な恋人型ロボットに心打たれ引きつけられていくのも、すべて、この重い女という性格設定ゆえです。

また、主人公が住んでいる部屋も、マンションとかではなく、いかにも築年数の古そうな木造のアパートでした。おそらく主人公が最初に上京してきて初めて一人暮らしを始めた部屋に、ずっと住み続けているんじゃないかな、きっと、部屋に愛着がわいちゃって出ていけないんじゃないかな、などと想像させます。

もうひとつ、少し古いのですが『月刊シナリオ教室』２００１年10月号に掲載された内館牧子さんのお話を引用させていただきたいと思います。

「私が一番時間を費やすのは、キャラクターを作ることです」と前置きして、内館さんが書かれた連続ドラマ『**昔の男**』を例に、体と顔だけで勝負している女というだけではなく、どういうリアクションを起こす性格か、たとえば「顔と体だけでなくもっと頭が良ければよかったのに」とイジケル女か、「顔と体で勝負して何が悪いのよ」と開き直る女か、あるいは、そんな自分に産んだ親を恨む暗いキャラクターか、を考えることだと述べておられます。

また大河ドラマ『**毛利元就**』の妻のキャラクターについて「最初に考えていたのはプラス志向の女でした。でも考えた末、現状肯定の女にした」と話されていて、**プラス志向の女**や**現状肯定の女**のように、その人物が、どういう人なのか最も言い表わされる一言からキャラクターを考えていることがうかがわれます。

みなさんも是非、根津さんや内館さんを真似して、その人物が、どういう人物なのか、「重い女」とか「プラス志向の女」とか「現状肯定の女」とかキーワードのようなものを考えてみてください。

コンクールなど1時間や2時間もの、あるいは連ドラのシナリオを書く時は、そのキーワードから、いろいろと掘り下げていく必要もあるでしょうが、20枚シナリオ（⇩6頁）なら、おそらく、そのキーワードがひとつあれば、十分にキャラクターが描けると思います。

というか、むしろ、その一点に狙いをしぼってキャラクターを描いてみましょう。

そうすれば、もう「もっと人間を描きなさい」なんて言わせません！

ワンポイント

キャラクターの特徴をひとつに絞って考える

キャラクター養成講座

芸能人にたとえると？の術

イメージキャストから主人公のキャラクターを考える。

その人物はメガネをかけていますか？

シナリオ・センター創立者の新井一先生が、よく生徒さんに質問していたそうです。

「メガネをかけていようがいまいが、そんなの、どちらでもいいよ」でしょうか？

確かに、そのメガネが、たとえばキャラクターや感情を表わすのに使われたり事件を起こすきっかけになったりするわけではなく、ドラマに関係ないのなら、シナリオに書く必要はありません。

では、どうして新井先生は、そんな質問をしたのでしょう？

それは作者に絵（映像）が浮かんでいるかどうかを確認したのです。

「シナリオはフィルムに描く」といいますが、シナリオを書いている時に、つねに映像を浮かべ、いま書いているシナリオが絵（映像）になるかどうかを、つねに意識してください。

人物もそうです。

あなたのシナリオの**登場人物の絵（映像）**が具体的に浮かんでいますか？

とはいえ、シナリオの中で描いている人物は作者が頭の中で作り上げた架空の人物です。

その人物の映像を実際にイメージするのは結構難しいと感じるかもしれません。

手っ取り早い方法が一つあります。

イメージキャストです。

イメージキャストを決める

たとえば20枚シナリオ（⇩6頁）を書くとき、あらかじめ**登場人物を演じる俳優さんを決めておく**のです。

自分で勝手に決めていいわけです。あくまでもイメージキャストですから、どんなにギャラの高い俳優さんだろうが、夢の競演だろうが、思うがままです。逆に誰も知らないような役者さんでも構いません。自分が具体的な映像をイメージできればいいので。

さらに言うと、すでに亡くなられた俳優さん（たとえば松田優作さんとか）でもいいですし、俳優さん以外の方でも構いません。

　ただし基本的にはイメージキャストを人物表に書いて登場人物のイメージを浮かべてもらおうとはしません。

　あくまでも自分自身が登場人物の映像を浮かべるためのイメージキャストです。

　みなさん、自分が会ったことのない人の話をしていて「**芸能人にたとえると誰みたいな感じ？**」と質問したことがあると思います。あるいは誰でも一度は芸能人にたとえられたことがあるでしょう。

　実は私は以前、インターネット掲示板に夏木ゆたかさんに似ていると書き込まれたことがあります。

　ヒョロっとしている外見もそうですが、講座での話し方や身振り手振りなどの雰囲気が、とても似ているらしく、私の周りでは似てる似てると爆笑でした。

　この錬金術を読んでいただいていて私のことを知らない方にも、かなり具体的なイメージが浮かんだのではないかと思います。

　というわけで今回のシナリオ錬金術は、

芸能人にたとえると？　の術！

キャスティングの重要性

　まず、**小説と演劇と映像では、登場人物の描き方が、どう違ってくるか**見ていきます。

　小説は、あくまでも文章で書かれています。その文章が、そのまま読者に読まれるわけですが、どんな人物か具体的なイメージは読者それぞれが勝手に思い浮かべるわけです。おそらく一万人の読者がいたら具体的なイメージは一万通り、みんな、それぞれ違ったイメージを持つことでしょう。

　また、たとえば主人公を、あえて読者自身が感情移入しにくくイメージすることは、めったにないと思います。むしろ、自分自身を重ね合わせよう重ね合わせようとしながら読み進めていくことのほうが多いでしょう。

　なので、読者に感情移入してほしい人物のキャラクターを、あえて、あまり描かないことで、いわば無色透明にしておき、読者が自分と近いイメージを持ち自分を重ねやすくすることもあります。

　小川洋子さんが書かれた小説『**博士の愛した数式**』の「私」というお手伝いさんがそうでした。描かれていたのは、シングルマザーで10歳の男の子を育てていて足のサイズが24センチというぐらいでしょうか。なぜシングルマザーになったのかという事情も含めてキャラクターがあまり描かれていません。

　演劇は、実際に役者が演じます。なので、ある人物の具体的なイメージは、その人物を演じている役者さんの姿形になります。同じ劇場で一緒に観ている観客は、みんな同じ姿形を観ています。が、演劇の場合は同じ戯曲を違う役者が演じる場合もあります。シェークスピアの『マクベス』を市村正親さんが演じるのと古田新太さんが演じるのとでは違うキャラクターになるでしょう。

また、演劇は一般的には2カ月なり3カ月なり稽古を重ね演出家と役者がキャラクターを作り上げていきます。戯曲を読んで稽古に入る前に持っていたイメージと稽古で作りあげ実際の公演で演じられる人物像とが違うものになっていることは多くあります。

さて、いよいよ**映像**です。映像の人物は演劇と同じように俳優さんが演じるので、観客や視聴者が持つ具体的なイメージは、その俳優さんの姿形になります。しかも、演劇と違って、ある映画の人物を演じるのは、その俳優さん一人です。リメイクなどの例外はありますが『**ローマの休日**』のアン王女はオードリー・ヘップバーンであり、『**警部補・古畑任三郎**』の古畑は田村正和さんなのです。

特に気をつけてほしいのは小説との違い。観客や視聴者にとって見た目が明らかに自分とは違っています。なので、主人公など観客や視聴者に感情移入してほしい人物のキャラクターをあまり描かず無色透明にしてしまうと、自分とは違う人物であることだけが強調されてしまうのです。そのために**共通性**を持たせたりして**観客や視聴者が感情移入できるような入口を作る必要**があるのです。

また一般的な映像の場合、演劇のような稽古期間があるわけではなく、もちろん監督や俳優が役作りをする部分もありますが、キャラクターをつくり上げていくのはシナリオです。だからこそ戯曲に比べても、はるかに具体的に細部にわたってキャラクターを描いておく必要があるのです。

映像において**キャスティング**（登場人物を、どの俳優に演じさせるかを決めること）が、いかに重要であるかが分かります。プロデューサーには「映画やドラマが成功するかどうかの8割（人によっては9割）はキャスティングで決まる」という人もいます。

「座元に深切（親切）、役者に深切、見物に深切」という河竹黙阿弥の言葉がありますが、座元＝プロデューサーや見物＝観客・視聴者に比べて、ついつい役者や俳優さんのことを忘れがちです。そのためにもイメージキャストは有効でしょう。

課題で詰まったとき

イメージキャストから発想することもできます。

たとえば20枚シナリオ（シナリオ・センターの講座で行なっている200字20枚短編シナリオ習作レッスン）を書くときに、だいたい、こんな話を書こうということが決まって、いざシナリオを書き始める前に、じゃあイメージキャストを誰にしようと考えてもいいし、まず一番最初にイメージキャストを決めてしまってもいいのです。

タヌ代は名女優？

所属：ポンポコ事務所
ジャンル：タレント 女優
名前：山森タヌ代
年齢：28歳
特技：化けること
好きな食べ物：野菜
3サイズは
ヒ・ミ・ツです～♪
気のいい八百屋のおかみさん
イラッシャイ
ベテラン結婚詐欺師
アリガト

現場でも、シナリオができあがってからキャスティングする場合もありますし、企画の段階でキャスティングする場合もありますし、まず一番最初にキャストが決まる場合もあります。

　中園ミホさんが『**やまとなでしこ**』という連続ドラマを書かれた時の話をシナリオ・センターの夏合宿でうかがったことがありますが、まず松嶋菜々子さん主演でということが決まっていたそうです。

　では松嶋菜々子さんに、どういうキャラクターを演じてもらうか、というところから企画を考えていくのです。中園さんは、それまで松嶋さんが演じることの多かったおとなしくて控え目なキャラクターとは、まったく違うキャラクターにしようと考え、プロデューサーとの打ち合わせを重ねて、貧乏なんて大嫌い！　絶対に金持ちと結婚したい！　という思いから合コンばかりやっているヒロインを生み出していったそうです。

実は、このイメージキャストから、まず主人公のキャラクターを考えるという方法は超オススメの発想法です。

20枚シナリオなら、まず課題はおいておいて、最初に主人公のイメージキャストを決めます。そして、**その俳優さんに、どんな役を演じてもらうかキャラクターを考えていくわけです**。そして、そのキャラクターに課題を掛け合わせ、たとえば時計という課題なら、このキャラクターなら、どんな時計を持っているのかな、どんな時計にまつわるエピソードがありそうかなと考えていくわけです。

イメージキャストという具体的なものから考えていけばいいので、とても発想がしやすくなります。特に20枚シナリオの課題につまってしまって書けない時には、是非、試してみるとよいでしょう。

ワンポイント
具体的な俳優をイメージして書いてみる

キャラクター養成講座

ブー・フー・ウーの術

イメージ通りの名前で、キャラクターが生き生きと描ける——キャラクターの名前。

今回は、もう、ほんのちょっとしたコツで、それも誰でも今すぐにできちゃうことなんですが、すぐにシナリオが一味も二味も違ってくるという、超お手軽即席、でも効果抜群のコツを、ご紹介します。

それは**登場人物の名前**です。

イージーに名前を考えていませんか？

みなさん、登場人物の名前を、どうやってつけていますか？

結構いい加減につけていませんか？

以前、あるコンクールの審査をしていた時、登場人物の名前が「北」「南」「東」「西」というシナリオを読んだことがあります。いやあ、大変でしたよ。途中で誰が南さんで誰が西さんだったか、こんがらがってくるんです。あれ？　この人は、さっき外に出て行かなかったっけ？　あ、それは違う人か、となっていって、やがて、まったく分からなくなっていきました。

　もちろん、実際に映像化されれば、それぞれ違う俳優さんが演じますから、誰が誰なのか区別がつくかもしれません。でもコンクールはあくまでシナリオで読むわけですから、これでは通るものも通らなくなってしまいます。

　いや、コンクールだけでなく、実際の現場でも、まずはプロデューサーや監督・ディレクターなどがシナリオを読むところから始まります。その時、誰が誰やらこんがらかったり分からなくなったら、どうでしょう？　誰も、そのシナリオを映像化したいとは思わないでしょう。まあ、これほどいい加減ではないにしろ、登場人物の名前を、あまり考えないで適当につけていることが多いのではないでしょうか？

　じゃあ、どんな名前をつけたらいいの？

　というわけで、今回のシナリオ錬金術は、

ブー・フー・ウーの術！

キャラクターに結びついた名前

　ブー・フー・ウーというのは、**『三匹の子豚』**というおとぎ話をもとにしてつくられＮＨＫで放映された人形劇の登場人物の名前です。ブタの三兄弟なんですが、「ブー」は、いつもブーブー文句ばかりたれている怒りんぼです。「フー」は、すぐにフー疲れたとヘタってしまう、くたびれ屋。「ウー」は、ウーといつも気合をいれ全力投球のガンバリ屋です。

　「ブー」「フー」「ウー」だけだと誰が誰だか分からなくなってしまいそうですが、それが、それぞれのキャラクターと結びついて、そのキャラクターのイメージ通りの名前になると、とたんに印象的になって覚えやすくなります。

　このように**登場人物のキャラクターと結びつけて**、キャラクターのイメージ通りの印象的な名前を考えてください。

　たぶん、北さん、南さん、東さん、西さんでも、それぞれの人物のキャラクターのイメージ通りであれば、誰が誰だかこんがらがって分からなくなったりしなかったかもしれません。たとえば、いつもクールで辛口な皮肉屋の北さんとか、夕日のように物静かで無口な西さんとか。

　できるだけ登場人物それぞれのキャラクターの違いが出るように特徴的な名前をつけてみてください。それだけでシナリオが格段に読みやすくなりますし、たまにシナリオ・センターのゼミでシナリオの朗読を聞いていて、どの人がどの人だかごっちゃになったりすることがありますが、登場人物の名前をキャラクターのイメージに合わせ、キャラクターの違いが出るように特徴的にすれば、そんなこともなくなります。

　たとえば「一条麗子」と「田沼春江」と「剣持勝美」では全然イメージが違うし、ごちゃごちゃになりようがありませんよね。

同じユージでも、優司なのか、勇志なのかでもイメージが全然違ってきます。

登場人物のキャラクターに合わせて、そのキャラクターのイメージ通りの名前を考えましょう。

いかにもな名前の例

テレビドラマ『**白い巨塔**』の主人公の名前は「財前」です。「財前」、いかにも権力欲が強く、高い地位へ昇りつめようとする男のような感じがしませんか？（全国の財前さん、ごめんなさい。あくまでイメージの話ですので……）

一方、財前と同期で全く対照的なのが「里見」です。こちらは、いかにも優しげで決して庶民の視線を忘れない男のイメージです。

「佃」という男もいましたね。財前の腰巾着です。そう言われると「佃」って腰巾着なキャラクターにピッタリです（これまた全国の佃さん、ごめんなさい）。

『白い巨塔』は山崎豊子さんの小説が原作ですが、同じ山崎豊子さんの原作で『**華麗なる一族**』というのもありました。

主人公の名前は「万俵鉄平」です。鉄平、いい意味でも悪い意味でも無骨で固い感じ、正義感が強く揺るぎない信念を持っているが、不器用で頑固で融通がきかないイメージです。

弟は「銀平」です。繊細で傷つきやすく自己主張が弱い感じがします。

超人気ドラマ『**男女7人夏物語**』の主人公の名前は「今井良介」。いかにも人が良さそうで騙されることはあっても騙すことはなさそうな感じです。

「神崎桃子」は明るくて茶目っ気たっぷりなイタズラっ子のイメージですし、「浅倉千明」は聡明でしっかりしていて学級委員なイメージです。

そして、「大沢貞九郎」！　これ以上、女性にモテなさそうなダサい名前はありません！（全国の貞九郎さん、ごめんなさい）

そうそう、ヒットドラマで主人公の名前が、そのまま題名になるケースも多いです。『**寺内貫太郎一家**』『**池中玄太80キロ**』『**3年B組金八先生**』『**警部補・古畑任三郎**』などなど。最近では『**特命係長・只野仁**』でしょうか。それだけ主人公に印象的な、視聴者を引きつける名前がつけられているということでしょう。

このように登場人物の名前を、その人物のキャラクターと結びつけて、キャラクターのイメージ通りに考えることは、シナリオを読む側（たとえばコンクールの審査員や現場のプロデューサーなど）が読みやすくイメージを湧かせやすくなるばかりでなく、作者自身にとっても非常にプラスになります。

まず、**名前を考える時に登場人物のキャラクターを、もう一度しっかりイメージすることになります**。もしキャラクターのイメージが固まっていなかったら、その時点で、しっかりキャラクターを考えることができます。それぞれの登場人物のキャラクターの違いを確認することにもなりますし、似たようなキャラクターの人物が重なっていたら考え直すこともできます。

また、意外と多いのが人物名の書き間違いです。美穂だったのが途中から奈緒に変わっていたり、聡と裕一郎が途中から入れ代わってしまっていたり。

20枚シナリオ（⇩6頁）でも結構ありがちです。

あ、私もやったことがある、と身に覚えがある方、意外とたくさんいらっしゃるんじゃないですか？

さらにコンクールなどの1時間ものや2時間ものといった長いシナリオになればなるほど、より多く見受けられるようになります。

でも、その人物のキャラクターのイメージ通りの特徴的な名前をつけておけば、ほとんど間違えることはなくなります。

キャラクターが別人になってしまう？

そして、20枚シナリオでも時々見受けられますが、1時間ものや2時間ものなど長いシナリオになると俄然、増えてくるのが途中からキャラクターが変わってしまうこと。

最初は気が弱くて優柔不断な男だったはずなのに、途中から猪突猛進で立ち向かっていくキャラクターに変わってしまって、何これ、**別人？**　なんてシナリオが結構あります。それは、ストーリーを展開させることにばかり目が向いてしまって、人物のキャラクターを忘れてしまうからです。

でも、人物の名前を、そのキャラクターのイメージ通りにつけてあれば、ト書きやセリフで名前を書くたびに、ああ、そうだ、この人物は、こういうキャラクターだったと思い出します。

特に主人公。シナリオの中で一番たくさん書く言葉は何でしょう？　それは主人公の名前です。主人公の名前を書くたびに、そうだった、この主人公は、こういうキャラクターだったと刻み込まれていきます。

なので、シナリオを書き進めていて途中でキャラクターを忘れて変わってしまうことがなくなるのです。キャラクターを忘れるどころか、ト書きやセリフの人物名に名前を書くたびに、このキャラクターだったら、もっと、こんな行動やリアクションをするんじゃないかな、とか、このキャラクターなら、もっと、こんなセリフを、こんな言い方で言うんじゃないかな、と浮かびやすくなります。

つまり、人物のキャラクターのイメージ通りの名前をつけるだけで、キャラクターが生き生きと描けるようになるわけです。

ワンポイント

登場人物の名前をしっかり決める

キャラクター養成講座

秀吉は猿、内蔵助は昼行灯の術

呼び方・呼ばれ方で、キャラクターや人間関係が伝わりやすくなる。

♪シュワちゃんはね、シュワルツェネッガーっていうんだ、ほんとはね～。

「シュワちゃん」と呼ばれているのと「シュワルツェネッガーさん」と呼ばれているのとでは、ずいぶんイメージが違いますね。「シュワちゃん」だとニコニコ笑っている親しみやすい顔が浮かびますし、「シュワルツェネッガーさん」だと怖そうで、ちょっと近寄りがたいような感じがします。

逆に、同じ人を「シュワちゃん」と呼んでいる人と「シュワルツェネッガーさん」と呼んでいる人がいると、親しさの違いが出ます。「シュワちゃん」と呼んでいる人は身内同然という間柄だったり幼なじみかもしれません。それに対し「シュワルツェネッガーさん」は距離があります。

このように呼び方や呼ばれ方で、その人物のキャラクターが出たり、あるいは、呼ぶ人物と呼ばれる人物の人物関係が描けたりします。

何と呼び合っていますか？

あなたは恋人同士や夫婦で何と呼び合っていますか？

たとえば恋人同士として「浅田さん」だと二人の距離を感じます。つき合い始めてまだ日が浅いのかもしれません。それが「直亮さん」となると少し距離が縮まります。さらに「直クン」となるとグッと近い感じがします。

もちろん逆もあります。もうつき合って何年もなるのに「浅田さん」と呼んでいたら、ちょっと人を寄せつけないようなキャラクターだったり、あるいは二人の関係に距離を感じさせるように描けるかもしれません。

そうそう、とても人には言えない赤面してしまうような恥ずかしい呼び方をしているカップルもいますよね。「ナオナオ～」とか「ナオリ～ン」なんて。

もしかしたら、あだ名で呼ばれているという方もいらっしゃるでしょう。「ヘラちゃん」とか「エノキ」とか。「ヘラちゃん」は、いつもヘラヘラお調子者の感じ、「エノキ」はエノキダケのようにヒョロっとしているイメージです。

あだ名を使うと、とてもキャラクターが伝わりやすくなります。ぜひ**登場人物のあだ名を考えて**みてください。

歴史上の人物で、あだ名といえば豊臣秀吉の「猿」、大石内蔵助の「昼行灯《あんどん》」が、まず思い浮かびます。

どちらもキャラクターのイメージが鮮明に浮かんできますし、あだ名があるというだけで親しみやすくもあります。だからでしょうか、どちらも映画やドラマにされる人気ナンバーワンを争うキャラクターです。

というわけで、今回のシナリオ錬金術は、

秀吉は猿、内蔵助は昼行灯の術！

さまざまな作品のあだ名を思い出してみよう

あだ名で有名なテレビドラマとしては、やっぱり『**太陽にほえろ！**』ではないでしょうか。

歴代の新人刑事「マカロニ」「ジーパン」「テキサス」などは、それぞれ身につけているファッションがあだ名になっているわけですが、「マカロニ」は自己主張の強い激情タイプ、「ジーパン」はワイルドで型破りな行動派、「テキサス」は無骨で不器用だけど意志が固いキャラクターが伝わってきます。

ほかにも「ゴリさん」とか「殿下」なんて姿が目に浮かぶようなあだ名です。

テレビドラマ『**CHANGE**』では、木村拓哉さんの主人公が、教え子である小学生たちに「モジャクラ」と呼ばれていました。これは、ただ髪の毛が天然パーマでモジャモジャしていることからついたあだ名で、あだ名そのものでキャラクターを表わしているわけではありません。

でも、小学生たちに面と向かってあだ名で呼ばれていることで、子どもたちが親近感を持って、どちらかというと教師というより友達に近い存在として接しているんだろうなと思わせ、逆にいうと、そういう親しみやすく人懐っこくて子どもに好かれるキャラクターであることが伝わってきます。

キャラクターが伝わりやすいだけではありません。たとえばテレビドラマ『**ハケンの品格**』では、篠原涼子さん演じるスーパー派遣社員と、大泉洋さん演じる正社員が、互いに「トックリ」「クルクルパーマ」と、あだ名で呼び合ってケンカしていたシーンが印象的です。

ああ言えばこう言うセリフのやりとりも面白かったのですが、あだ名で呼び合っているので、どこか深刻にならないというか、ちょっと子どものケンカを見ているような気分でした。これが名前で「大前さん」「東海林さん」と呼び合っていたら、ずいぶん印象が違っていたのではないでしょうか。

映画『**空中庭園**』では、小泉今日子さん演じる主人公の夫（板尾創路さん）が浮気相手の一人（永作博美さん）に「チョロスケ」というあだ名で呼ばれていて、いかにも女性にちょっかい出しては浮気しているキャラクターと、浮気相手に完全に牛耳られていて言いたいことを言われ放題である関係も伝わってきました。

　また、あだ名ではありませんが、主人公の母親（大楠道代さん）が、孫たちに「さっちゃん」と呼ばせているのも印象的でした。「おばあちゃん」と呼ばせたくないんだろうなと想像させ、そういうキャラクター（おばあちゃんと呼ばれることに、あまり喜びを感じないタイプとでもいいましょうか）が伝わってきます。

　さらに、その母親を主人公は、家族の前では「さっちゃん」と呼んでいますが、二人きりになると「あなた」と呼んでいます。実は主人公は母親に対し、自分は愛されたことがないという思いを抱いているのですが、その感情的な溝が「あなた」という呼び方で表わされています。

　テレビドラマ『**木更津キャッツアイ**』では、岡田准一さん演じる主人公は、小日向文世さん演じる父親のことを「公助」と呼び、父親は主人公のことを「公平くん」と呼びます。

　だからって、たとえば亡くなった奥さんの連れ子で血がつながっていないとか、そういう事情があるわけではなさそうで、むしろ、父親のキャラクターと二人の関係によるもののようです。

　また、主人公の同級生のマスター（佐藤隆太さん）は奥さんのことを「先輩」と呼んでいます。

　これも、結婚しても「先輩」と呼んでしまうマスターのキャラクターと、奥さんに頭が上がらない二人の関係が、とてもよく伝わってくる呼び方です。

「三角法」を活用する

　母親だから「お母さん」とか、父親だから「お父さん」とか、夫婦や恋人だから「あなた」とか「おまえ」とか「○○さん」「○○ちゃん」と呼ぶとは限らないわけです。

　でも、そう呼ぶほうが普通じゃないか、と思われるかもしれませんが、普通のことを普通に描いて「面白い」と思わせるのは至難の業です。

　むしろ、このキャラクターだったら、どんな呼ばれ方をしているだろう？　どんな呼び方をするだろう？　この二人だったら、どのように呼び合うんだろう？　と考えて、その人物のキャラクターや呼ぶ人物と呼ばれる人物の人物関係ならではの呼び方や呼ばれ方が浮かべば、それだけでキャラクターや人物関係が伝わる上に、個性も発揮できて「へえ～面白いな！」と感じさせることができます。

　ただし、かえって人物関係が分かりにくくなることもあるので、ご注意を。

人物関係というのは映像で伝えるのが最

も難しいものの一つです。父親を「お父さん」と呼べば親子なんだと分かりますし、夫を「あなた」と呼べば夫婦だろうなと伝わりますが、父親を「公助」と呼んだり夫をあだ名で呼んだりすると、とたんに人物関係が分からなくなります。

人物表を見れば分かるかもしれませんが、観客や視聴者は人物表を見ません。なので、あくまでもシナリオの本文で、それも映像になった時に伝わるように描く必要があります。

そういう時には三角法を使う手もあります。

三角法というのは、父親を「公助」と呼ぶような子がいたとして、その二人が一緒に歩いていて担任の先生と会えば、「父です」とか「オヤジです」と紹介します。このように呼ぶ人物と呼ばれる人物という当事者だけでなく、そこに誰か第三の人物をぶつけることで人物関係が伝わりやすく描けます。これを三角法といいます。

クマ太郎とオム蔵の意外な関係

この話を聞いた時に、わざわざ、そんな面倒臭い方法を使わなくたって人物関係を伝えられるだろう、と思われる方もいらっしゃるかもしれません。

確かに、父親を「お父さん」と呼ぶ普通の父子なら必要ありません。

でも、例のような父子関係を表わすなら三角法が必要でしょう。

逆にいえば三角法を知らなければ「お父さん」などの分かりやすい呼び方しかできませんが、知っていれば、いろんな呼び方ができるようになるというわけなのです。

ワンポイント

登場人物の「あだ名」を考えるとキャラクターが鮮明に

キャラクター養成講座

リボンをかけてラッピングの術

どこに住んでいるかで、キャラクターがよりきわ立つ。

あなたのシナリオの**主人公は、どんなところに住んでいますか?**

たとえば職場で起こるドラマを描いているので、主人公がどこに住んでいるかなんて描いていませんという方がいらっしゃいます。

もったいない！　もちろん主人公が住んでいるところを描かなければならないというわけではありません。

が、どんなところに住んでいるかを描くことによって、よりキャラクターが出たりするのです。

あるいは主人公は一人暮らしだからワンルームマンションに住んでいると最初から決めてしまっている人もいます。

これまた、もったいない！

どんなところに住んでいるかを考えることで、より個性をアピールすることだってできます。

もちろん、マンションでも構いません。それは、どんなマンションの、どんな部屋なのかを描いてみてください。

大切な人の、大切な記念日にプレゼントするイメージです。

普段はエコバック持参で過剰包装お断りの人も、大切な人の、大切な記念日にプレゼントするとなると、中身に合わせたラッピングをしたりリボンをかけたりして贈る気持ちを伝えようとすると思います。

時には人と違ったラッピングで個性をアピールすることもあるかもしれません。ただし、中身が肝心なのは忘れないで。ラッピングだけ素晴らしくて中身がショボいと逆効果ですよね。

間違えないようにしていただきたいのは、どんなところに住んでいるのかを描くだけでキャラクターや個性を伝えようとはしないこと。あくまでも人物そのもののセリフや行動を描くことでキャラクターや個性を伝えてください。

その上で、どんなところに住んでいるかも描いてキャラクターや個性を、よりはっきりと伝わるようにしてみようというわけで、今回のシナリオ錬金術は、**リボンをかけてラッピングの術！**

『SCANDAL』の4つの家

まず、連続ドラマ『SCANDAL』をみてみましょう。

このドラマは20代、30代、40代、50代の四人の女性が、共通の友人の失踪事件をきっかけに、ぶつかり合いながら友情を育んでいくドラマですが、その4人の女性たちが、それぞれ、どんなところに住んでいるかが、キャラクターの違いによって設定され描き分けられています。

鈴木京香さん演じる主人公の高柳貴子は新築らしい一戸建てに住んでいます。それも建売住宅とかではなく、おそらくは高級住宅街であろう（番組ホームページによると東京都世田谷区上野毛）一角に建てられた、お洒落でリッチな一軒家です。

家の中は白を基調とした明るいインテリアでまとめられ、キッチンはシステムキッチン、いつもきれいに片づけられています。いつもきちんとしていなければ気が済まない性格で、背伸びをするというのではないんですが、ついつい頑張ってしまうキャラクターが表われています。

対して桃井かおりさん演じる新藤たまきが住んでいるのは同じ一戸建てですが、ちょっと古い感じの庭木のある昭和なたたずまいの家です。

家の中は、ソファーなどの家具も長年使っている感じで、ゴチャゴチャと散らかっています。

ものを捨てるのが、あまり得意ではない性格で、過去や思い出に愛着を持ち過ぎてしまうタイプなのかもしれません。

そして、どこか時間が止まっているイメージが伝わってきます。

吹石一恵さん演じる鮫島真由子が住んでいるのは、外観のシーンはなかったと思うのですが、都心（番組ホームページよると港区表参道）の超高級タワーマンションの、夜景が見渡せる高層階の一室です。

家の中は、超高級品の家具が揃えられ、まったく生活感がありません。

長谷川京子さん演じる河合ひとみは、財務省の官舎に住んでいます。こちらも外観のシーンはなかったのではないかと思いますが、財務省の官舎ですから地味な決して新しくはない団地のようなところだと思われます。

家の中も、いかにも手狭な感じでLDKというよりはDKという感じ。2人の子どものものが、あちこちに転がっています。

『ヒミツの花園』4兄妹の部屋

もうひとつ連続ドラマ『ヒミツの花園』を例にあげてみます。

釈由美子さん演じる主人公・月山夏世は雑誌社に勤める編集者。ある日突然、超売れっ子少女漫画家〝花園ゆり子〟の担当編集者を命じられます。

この〝花園ゆり子〟表向きは女性漫画家ということになっていますが、実は堺雅人さん、池田鉄洋さん、要潤さん、本郷奏多さん演じる一癖も二癖もある四兄弟が協力してマンガを描いていたのです。

四兄弟の住居兼仕事場は超高層マンションの一室ですが、それぞれの部屋に、それぞれの個性が表われています。

マンガの背景などを担当する長男の航の部屋は、趣味の油絵と登山の道具がゴチャゴチャといっぱいです。ベランダでは観葉植物を育てていますが、植物には名前がつけられています。

マンガの人物などを担当する二男の修の部屋は、畳敷きの和室です。古い日本の家具や調度品が所狭しと置いてあり、民芸調というか、まるで古道具屋の店内のようです。

営業やスケジュール管理などマネージャーを担当する三男の智の部屋は、すっきりと片付けられています。本棚に並べられた少女マンガ、大きな鏡、ハンガーに掛けられた大量の洋服が特徴です。

ストーリーを担当する四男の陽の部屋は、あるのはパソコン、カメラ（デジカメではなくアナログの一眼レフ）と望遠レンズ、図鑑が1冊だけの、まったく何もない部屋です。

このように、同じマンションの、おそらくは同じような造りの部屋に住んでいても、そこに住む人物のキャラクターによって部屋の様子は、ずいぶん違ったものになってくるはずです。

たとえば一人暮らしでワンルームマンションに住んでいるという設定であっても、どんな部屋に住んでいるかを描くときの参考にしてみてください。

「温室つきアパートメント」に住みたいキャラクターとは

映画『グリーンカード』は、ニューヨークの温室つきアパートメントが舞台になっています。

主人公のブロンティー（アンディ・マクダウェル）は、ニューヨーク市の公園課の職員であり貧しい地域の緑化ボランティアもしている独身女性。温室つきのアパートメントが気に入り、どうしても、そこに住みたいと思うのですが独身では入居できません。ブロンティーは入居条件を満たすために偽装結婚を思いつきます。

そして、偽装結婚の相手として紹介されたのはフランス人男性のジョージ（ジェラール・ドパルデュー）。彼はグリーン・カード（永住権）を得るのが目的です。

2人は移民局の調査のため同居しなければならなくなり……というラブストーリーです。

監督・脚本のピーター・ウィアーが実際どのように発想していったのかは知りませんが、たとえば、偽装結婚する2人のドラマを描こうと思ったとして、一方の目的が国籍や就労ビザを取得するためというのは、すぐに思いつくでしょう。すぐに思いつくということは、ありきたりな発想であることが多くなります。

さらに、もう一方の目的が金で、たとえば多額の借金をしてい設定だと、あまりにも平凡と言わざるをえなくなるでしょう。

そこで、じゃあ、もう一方の目的は？　と考えるわけです。

入居条件が独身不可というアパートメントに住みたいためというのはどうだろう？　でも、どうして偽装結婚してまで、そこのアパートメントに住みたいのか？　と考えます。それは、どんな部屋なのだろうと。

そこで温室つきのアパートメントならどうだろうと考えるわけです。

借金返済の金のために偽装結婚する女だと平凡でありきたりですが、温室つきアパートメントに住みたいために偽装結婚する女なら、今までにない新鮮で個性ある設定になります。

さらに、そんな温室つきアパートメントに住みたいと思う人は、どんなキャラクターだろうと考えていけばいいわけです。

人物のキャラクターから考えて、どんなところに住んでいるのだろうと考えてもいいですし、どんなところに住んでいる（住みたいと思っている）のかを考えて、じゃあ、その人物のキャラクターはと考えていってもいいのです。

ギャルなヤドカリ

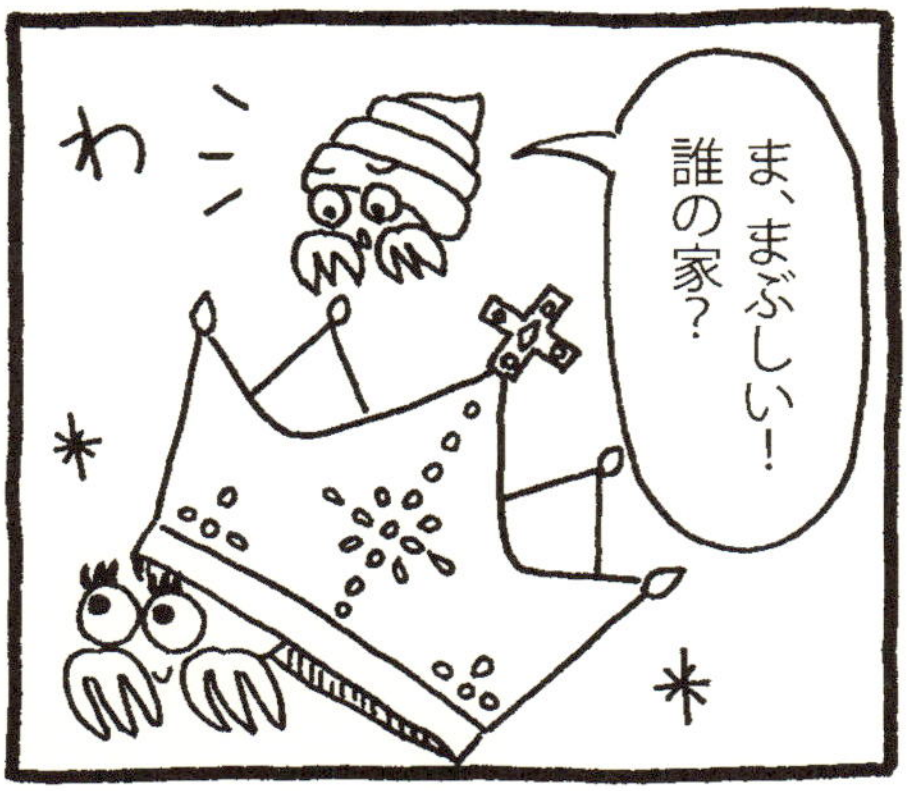

ワンポイント
住んでいる場所→セリフ・行動→個性

キャラクター養成講座

木を目立たせるなら砂漠に！の術

主人公だけをラウンドキャラクターにして、感情移入しやすく！

誰が主人公？

自分はAという人物を主人公のつもりで書いているのに、Bという人物を「こちらのほうが主人公のように思いました」とか「こちらのほうに感情移入しました」と言われたことがありませんか？　あるいは人のシナリオを読んだときに、そのように感じたことが何度かあると思います。

原因としては、いろんなパターンが考えられます。

Aの人物よりBのほうが描く分量が多い、とか、Aの感情よりBの感情のほうが描かれているとか、Aがいい人に描かれていてBがダメな人間に描かれているとBのほうに感情移入しやすくなるとか、Bに秘密を持たせている、などなど。

その中のひとつとして**AがセミラウンドキャラクターでBがラウンドキャラクター**で描かれているとBのほうが主人公に思えたり、より感情移入したりすることがあります。

逆にAをラウンドキャラクターとして描いて、Bや周りの人物をセミラウンドキャラクターとして描いておくと、Aのキャラクターが際立ち作者の狙いどおりにAを主人公だと思ってくれて、観客や視聴者がAにしっかりと感情移入してくれます。

「木を隠すには森の中に」という言葉がありますが、周りにも木がたくさん生えていたら木は目立たないわけです。逆に何も生えていないところに一本だけ木が生えていたら目立ちます。

というわけで今回のシナリオ錬金術は、**木を目立たせるなら砂漠に！の術**です。

ラウンドキャラクターとセミラウンドキャラクター

さてさて、ラウンドキャラクターとセミラウンドキャラクターです。

ラウンドキャラクターは、たとえば職場では大手商社のレアメタル資源開発プロジェクトの実質的なリーダーで世界を相手に仕事しているエリート商社マンだが、家庭では奥さんの尻に敷かれていて出勤する時に奥さんはまだ寝ていて毎朝のゴミ出し当番をさせられていて、行きつけの飲み屋ではアルバイトの女の子に親父ギャグを飛ばして呆れられていて、というように、**その人物が生活するあらゆる場面**を描き出します。

セミラウンドキャラクターは、たとえば職場での姿だけ描かれます。大手商社に勤める主人公の上司である、とか。職場で主人公が「今朝もゴミ出し当番をさせられたんですよ」と愚痴ると「何言ってんだ、私なんか毎晩どんなに疲れて帰っても女房の肩を揉まされるんだぞ」みたいな会話をすることはあります。しかし、その上司の家庭での場面や、その上司が一人で飲みに行くところなどは描かれません。

あるいは、主人公の行きつけの飲み屋のアルバイトの女の子。飲み屋での場面だけが描かれます。実は劇団の研究生で女優を目指していて、飲み屋で主人公に「今度、新人公演があるんですが観に来てくれませんか」とチケットを買ってもらおうとする場面は描かれるかもしれませんが、劇団の稽古場の場面や一人暮らしのアパートの場面は描かれません。

つまり、**生活のある一場面だけ**が描かれるわけです。

映画のラウンドキャラクター

さっそく実際の例を観てみましょう。まずは映画から。

『恋のゆくえ〜ファビュラス・ベイカー・ボーイズ』は、兄弟のピアノデュオ（ジェフ・ブリッジス、ボー・ブリッジス）に女性ボーカル（ミシェル・ファイファー）が加わることになり、弟と女性ボーカルが恋に落ちていくのと同時に、兄弟の関係がギクシャクしていって……という大人のラブストーリーですが、ラウンドキャラクターとして描かれているのは弟だけです。

ホテルのラウンジで演奏している時は素晴らしいピアノを聴かせるけれど無口で無愛想。独身で部屋に帰るとラブラドール・レトリバーを飼っていて上の階に住む女の子が入り浸っています。行きつけの店はジャズクラブ、実はホテルのラウンジで演奏するような仕事ではなくて本格的なジャズピアニストとして自分の力を試してみたいと思っていますが、兄のことを考えて、その思いを抑え込んでいます。

兄は、弟と一緒にピアノデュオとして働いている場面、ホテルのラウンジでの演奏の時に曲と曲の間をつなぐトークを喋ったり、ホテル側と仕事のスケジュールやギャラの交渉をする姿は描かれます。しかし、実は妻子持ちで家族のことを何よりも大事に思っているマイホーム・パパであることが、たとえばクリスマスの仕事でサンタの衣装を着た時に、そのまま帰って子どもを喜ばせてやるんだと言ったりすることから分かるのですが、実際に家に帰って家族と一緒にいる場面は描かれていません。

女性ボーカルも同様です。兄弟のデュオとステージで歌うところやステージを離れて打ち合わせをするところ、リゾート地のホテルの仕事で三人で宿泊することになった部屋での様子は描かれますが、一人暮らしの部屋の場面や仕事を離れたプライベートの場面は描かれていません。

役の重要さでいえば兄も女性ボーカルも弟に負けず劣らず重要な役です。しかし、ラウンドキャラクターとして描かれているのは弟一人だけです。

矢口史靖監督の『**スウィングガールズ**』も、ラウンドキャラクターは上野樹里さん演じるテナーサックス担当の女の子一人だけでした。

落ちこぼれ女子高校生たちがビッグバンドジャズをやる話で、ちょっとバンドメンバーの女の子たちの群像劇風に見えるのですが、主人公以外の平岡祐太さんや貫地谷しほりさん、本仮屋ユイカさんたちが演じるバンドメンバーはジャズ演奏の練習をする場面や、楽器を買うためにアルバイトをしたりする場面は描かれますが、たとえば家に帰って家族と一緒にいる場面が描かれているのは主人公一人だけです。

連ドラのラウンドキャラクター

では連続ドラマでは、どうでしょう?

たとえば『**木更津キャッツアイ**』は、ラウンドキャラクターとして描かれているのは岡田准一さん演じる田渕公平(ぶっさん)一人だけです。

たとえば桜井翔さん演じるバンビが中込呉服店の息子で、和服を着たりする場面はあるのですが、家族と一緒の場面は描かれてはいません。佐藤隆太さん演じるマスターは居酒屋「野球狂の詩」のマスターで、妻と二人の子どもがいて、店に妻子が姿を現わし妻のことを「センパイ!」と呼んだりする場面は描かれるのですが、その家族と家で過ごしている場面は描かれてはいません。

ちょっと例外があって、岡田義徳さん演じるウッチーは片言の日本語しか喋らない謎の男ですが、連続ドラマ全9話でワンシーンだけ、実は父親がスパイで船で生活しているところが描かれています。

しかし、しっかりとラウンドキャラクターとして描かれているのは主人公一人だけと言ってもいいでしょう。

『**ハケンの品格**』も、篠原涼子さんが演じたスーパー派遣社員の大前春子一人です。

小泉孝太郎さん演じる里中も、大泉洋さん演じる東海林も、主人公が派遣されている会社の正社員としての顔は描かれていますが、プライベートな面は描かれていません。

加藤あいさん演じる美雪は、第1話では一人暮らしの部屋のシーンが描かれていましたが以降は描かれておらず、第1話のみラウンドキャラクター、以降はセミラウンドキャラクターということになります。

もちろん、ラウンドキャラクターで描かれている人物が**複数の場合**もあります。連続ドラマ『**Around40**』は、天海祐希さん演じる主人公・聡子、藤木直人さん演じる岡村、大塚寧々さん演じる奈央、松下由樹さん演じる瑞恵の4人がラウンドキャラクターで描かれています。連続ドラマは比較的、ラウンドキャラクターが多くなりますが、中でも4人というのは多いほうでしょう。

また『**警部補・古畑任三郎**』のように主人公の古畑はセミラウンドキャラクターで描かれ毎回のゲストが演じる犯人がラウンドキャラクターで描かれていたり、『**踊る大捜査線**』や映画『**ピンポン**』のように主人公を含め全員がセミラウンドキャラクターで描かれているような例外もあります。

なので、主人公一人だけをラウンドキャラクターで描かなければならない、とか、主人公は必ずラウンドキャラクターで描かなければならないというわけではありません。

ただ、特に20枚シナリオ（⇩6頁）や1時間ものコンクールなど短いシナリオでは、主人公一人をラウンドキャラクターで描くことで、この人物が主人公だと伝わりやすくなり、観客や主人公が感情移入しやすくなるメリットを最大限に使うことをオススメします。

美しさの定義

美猫オーディション
綺麗だけれど、どの娘も同じに見えますよねえ。
う〜ん
審査席
4番、目を引きますねぇ
優勝だな！

ワンポイント
主人公→その人の生活のあらゆる場面を描くつもりで

キャラクター養成講座

イケメンのインストラクターと痔の薬の術

「私(視聴者)だけが知っている」主人公の秘密を描くには。

ちょっと想像してみてください。

あなたが通っているスポーツクラブにイケメンで健康マッチョなインストラクターがいます。好感度抜群の笑顔で老若男女みんなの人気者です。

ある日、スーパーに行くと、そのインストラクターが買い物をしているのを目撃します。私服で、小さな子どもを連れて。奥さんに持たされたらしいメモを見ながら「あれ？ これかなあ」なんて迷っていると子どもに「違うよ、いつもママが買ってるのはこっちだよ！」なんて言われながら。

次の日、スポーツクラブに行くと、そのインストラクターがいます。もう以前までの見方と全然違う見方になっていると思います。ぐっと身近に感じられますし、あれこれ想像したくなったりします。

さらに、また別のある日、ドラッグストアに行くと、あのインストラクターが一人、なぜかキョロキョロまわりを気にしながら薬を選んでいます。手にしているのは痔の薬です。

こうなるとスポーツクラブに行く日、あのインストラクターがいないかなあと楽しみになりませんか？ そして、そのインストラクターがいたら、いたいた！って感じです。ジロジロ見たりはしないかもしれませんが、気持ちは、もう、そのインストラクターに釘づけです。

ずばり、これこそ今回のシナリオ錬金術、名付けて、**イケメンのインストラクターと痔の薬の術！**

主人公の秘密

名作『ローマの休日』でも、実は、この術が使われています。

冒頭、ニュースフィルムの後、アン王女が主催する舞踏会のシーンになります。ズラリと列をなして並ぶ来賓一人一人に挨拶を交わしながら、アン王女はスカートの中でハイヒールの靴を脱ぎ片方の足で片方のふくらはぎをさすったり足の指をニギニギしたりしています。

ここです。

ときどき「お金持ちの話を書いても切実じゃないから誰も共感しない」と言う人がいますが、違うのです。確かに、王女さまの自由になりたいという気持ちや恋愛なんて、そのまま描いたら「そんなの知るかよ」かもしれません。そう思わせないように『ローマの休日』には、いろんな術が使われています。そのうちの一つが、ここなのです。

つまり、**主人公の秘密の部分を描いて観客や視聴者の気持ちを釘づけに**しているのです。

痔の薬を選んでいるところや、ふくらはぎをさすったり足の指をニギニギしているところは人前では決して見せないところです。**観客や視聴者にとっては、誰も知らない自分だけが知っている気分**になります。あの人の、誰も知らない秘密を私だけが知っていると思ったら、その人物がグッと身近に感じられます。二人だけのヒ・ミ・ツ……で恋に落ちちゃったりするのと同じですね。

あなたもぜひ、主人公の秘密の部分や人前では決して見せない顔を描いて観客や視聴者の気持ちを釘づけにしてください。

主人公が一人でいるシーンを描いてみる

じゃあ、主人公の秘密の部分や人前では決して見せない顔を描くにはどうすればいいかというと、主人公が一人でいるシーンをつくってみるのです。

もちろん『ローマの休日』のように一人でいるわけではないけれど人に見せないところでも構いません。ポケットやバッグの中、机の引き出し、ロッカーの中、いろいろあるでしょう。ただし、これは、ほんのちょっと高等テクニック。

一番手っ取り早く考えやすく超簡単お気楽なオススメは、**主人公が部屋で一人でいるシーン**です。

あ、**一人言を喋らせないよう**気をつけてくださいね。部屋に一人でいるシーンを書くと、ついつい一人言を喋らせがちですが、一人言というのは、どうしても、つまらない説明セリフになってしまいますので。

ぜひ20枚シナリオ（⇩6頁）でも、部屋など主人公が一人でいるシーンを作って、主人公の秘密の部分や人前では決して見せない顔を描いてみましょう。

「でも、そんなシーン、ストーリーとは関係ないから……」

いいんです、ストーリーに関係なくても。

特に20枚シナリオではそうです。ストーリーに関係ないシーンを削ってストーリーを20枚に収めようとするのではなく、主人公のキャラクターや感情などのディテールを描いてみます。その結果、ストーリーが収まらなくなっても構いません。いや、むしろ、ストーリーが収まらないほうがいいのです。ストーリーが収まらなくなるということは、それだけディテールを描けているということですから。ストーリーが収まらないように収まらないようにしてみてください。

また、よく20枚シナリオ講座で、「このシーンは必要かどうか教えてください」とか「このシーンはいらないと思ったのですが……」などと訊かれることがあります。

はっきり言って20枚シナリオで、あるシーンが必要かどうかなんて意味がないと思います。そのシーンが1時間なり2時間なり、連ドラなり帯ドラなり朝ドラや大河ドラマになったときに必要なシーンになるかどうかは、たぶん20枚では分かりませんから。

これが20枚（約10分）で一つの作品（ショートフィルムなど）をつくるとなると話は別です。そこで何を描き何を描かないかは、しっかり判断しなければならないでしょう。

しかし、20枚シナリオは、ただ約10分のショートフィルムをつくるために書くだけではありません。

いや、そういうショートフィルムのシナリオを書いてはいけないというのではありません。それでもいいのです。

ただ、それだけにとどまらず、1時間や2時間、さらには連ドラなり帯ドラなり朝ドラや大河ドラマが書ける力をつけるために20枚シナリオを書こうよ、というわけです。

そのためにも、たとえストーリーとは関係なくても部屋など主人公が一人でいるシーンを描いてみてください。

ラウンドキャラクター

実は、この主人公が部屋で一人でいるシーンを描くというのは、基礎過程（シナリオ・センターの8週間講座や作家養成講座、通信基礎科など）の人物の描き方で、人物の種類について、**主役＝ラウンドキャラクター（円形または球形人物、**前項目参照）というお話をしていますが、そこから始まります。

ストーリーに関係あるなしにかかわらず、主役は職場の姿や部屋で一人でいる姿や行きつけの店での姿を描いてラウンドキャラクターにしてみます。

部屋など主人公が一人でいるところを描くのと逆もあります。つまり、どんなにプライベートなところでドラマが展開するのであっても、主人公の職場のシーンを描いてみる、ということです。

たとえば映画『**陽気なギャングが地球を回す**』でも、主役の二人は、市役所の役人として勤務しているシーンや、教習所の教官として働いているシーンが描かれています。

このシーン、ストーリーとはほとんど関係がなかったと思います。なので一見、必要のないシーンのように思われるかもしれませんが、ストーリーとしては関係なくてもキャラクターを描くということでは必要なシーンだと思います。このシーンがあることで観客や視聴者が主人公に感情移入す

ベジタリアンなライオン

る度合いが全然違ってくるはずです。

すべての映画やテレビドラマが主役をラウンドキャラクターで描いているわけではありません。**例外もあります**。テレビドラマの『**踊る大走査線**』や『**警部補・古畑任三郎**』は主人公の部屋などプライベートな部分は一切描いていません。

もちろん、それは意図的に描いていないわけです。つまり基本を押さえた上で、あえて、それを明確な意図を持って外しているわけですね。

ただ、たとえば宮藤官九郎さんがシナリオを書かれた『**木更津キャッツアイ**』は、印象としては今までと違う斬新なシナリオのようでしたが、実は、たとえば主役の描き方ということでは、しっかりとラウンドキャラクターになっていたわけです。

また、マンガをテレビドラマ化するときの面白い例として『**ブラックジャックによろしく**』があります。

ドラマ化はコミック版の4巻までを元に

していましたが、マンガでは少なくても4巻までは主人公の部屋のシーンはあまり描かれていませんでした。主人公が部屋に引きこもるところだけで。

それがテレビドラマになると毎週必ず主人公の部屋のシーンが描かれていました。また、主人公の行きつけの店（主人公はそこで必ずオムライスを注文する）も新たに設定されて、しっかりとラウンドキャラクターになっていたのです。

ワンポイント

ストーリーに関係なくても「主人公が一人」のシーンを

キャラクター養成講座

いい人だから、さようならの術

いい人を活用して葛藤をつくる——葛藤させるためのヒント。

フラれたこと、ありますか？

いや、フラれたことなんて一度もありませんね、という方もいらっしゃるかもしれませんが、ごくわずかではないでしょうか。

そりゃあ、もちろん、ありまくりですよ！　という方は、たくさんいらっしゃると思います。

では、フラれまくりの方、あなたは、いい人なのではありませんか？

いい人だなんて、そんな……と謙遜している場合じゃありません。いい人は、ほめ言葉ではないからです。もちろん職場や学校などで「○○さんって、いい人だよね」と言われたら、ほめ言葉なんですが、こと恋愛においては、むしろマイナスなニュアンス、フラれる秒読み段階に入っている確率大です。

いい人はフラれる、これは映画やテレビドラマの世界でも当てはまります。

逆に言うとシナリオを書く時に、**フラれる人物を、いい人に描いてみてください**というのが、今回のシナリオ錬金術なのです。

題して、**いい人だから、さようならの術！**

どちらが葛藤させやすいか

たとえば、主人公には婚約者がいるのですが、婚約者ではない別の人と恋に落ちてしまい、婚約者を捨てて新しい恋人の元へ走るというシナリオを書くとします。

さて、あなたは、この婚約者をどういう人物にしようと考えますか？

もちろん、いろんな人物に描くことができます。主人公を束縛する嫉妬深い人物にすることもできるし、プライドが高く人目や体裁を気にする人物に描くこともできるし、浮気者で主人公のことを本当に大切に思ってくれているのかどうか分からないでも構いません。

このように、主人公にとって嫌なヤツというか別れたくなる人物として描くと、新しい恋人へと傾いていく気持ちの動きがつくりやすくはなります。

しかし、**葛藤はつくりにくくなる**のです。また、主人公が新しい恋人のほうへ向かっていくことが最初から分かっているので、どうなるんだろう？　どうするんだろう？と思わせて観客や視聴者を引きこむ力も弱くなります。さらに、あらかじめ主人公が新しい恋人へ向かっていくようにつくられているような予定調和な感じ、作者が自分の都合のいいように設定している印象を与えてしまいます（逆に新しい恋人の元へ走るのではなく、婚約者を捨てられない話ならいいのですが……）。

この婚約者を、いい人に描くと、どうでしょう？

確かに、こんなにいい人を捨ててまで新しい恋人に向かおうとする気持ちの動きはつくりにくくなるかもしれませんが、婚約者と別れて新しい恋人に向かおうと思う気持ちと、こんないい人を裏切ってまで新しい恋人に向かえないという気持ちで**葛藤させやすく**なります。

そして、葛藤させればさせるほど、一体、主人公は新しい恋人へ走るのか、それとも婚約者の元に戻るのか、どうなる？　どうする？　と観客や視聴者は引きこまれていくのです。

ドラマの中のフラれる「いい人」

実際の映画やテレビドラマの例をみてみましょう。

トップバッターはテレビドラマ『**やまとなでしこ**』。主人公・神野桜子（松島菜々子）は大金持ちと結婚することが生きがいのキャビンアテンダント（スチュワーデス）です。一方、中原欧介（堤真一）は世界的な数学の賞の受賞歴がありながら、今は借金まみれの魚屋を営んでいます。最終的には、この2人が結ばれるわけですが、まず桜子が婚約した大病院の御曹司・東十条（東幹久）は年収8億！　金持ちだから鼻持ちならないかというと、そういうわけではなく、性格はおっとりしていて、お人好し。桜子のことを100%信じていて彼女のためなら何でもしてくれる、いい人です。それでも桜子にフラれてしまうわけです。

また欧介に想いを寄せるのが塩田若葉（矢田亜希子）という桜子の後輩キャビンアテンダント。お嬢様育ちで、素直で優しい性格で、欧介の魚屋を一生懸命に手伝ったりして尽くしてくれます。もう、本当にいい子です。それでも欧介は彼女をフッて桜子の元へ走るのです。

ちなみに**『恋ノチカラ』**というテレビドラマでも矢田亜希子さん演じる倉持春菜は、お嬢さん育ちで、昼は銀行に働きながら夜は図書館の司書をめざして勉強しているという、とてもいい子でありながら、想いを寄せる貫井功太郎（堤真一）にフラれ、貫井は本宮籐子（深津絵里）の元へ走ってしまいます。この頃の矢田亜希子さんは、フラれるいい人の代表選手という感じでしょうか。

『男女7人夏物語』では今井良介（明石家さんま）は交際し始めた浅倉千明（池上季実子）をフッて神崎桃子（大竹しのぶ）の元へ走りますし、**『男女7人秋物語』**でも良介は沖中美樹（岩崎宏美）をフッて、桃子は横山健（柳葉敏郎）をフッて二人はよりを戻します。特に『男女7人秋物語』の美樹は、父親の釣船屋を継ぎ妹と二人で切り盛りしている働き者で、好きな男には一途で面倒見がいい性格に描かれていて、ドラマの最終回、良介に「あなたに会えて良かったと思っている」と言い残し、釣り船で去って行きながら良介に敬礼する別れのシーンは印象的です。

『ロング・バケーション』で葉山南（山口智子）にフラれる杉崎哲也（豊原功補）、**『ひとつ屋根の下2』**で柏木小雪（酒井法子）にフラれる前園俊雄（宇梶剛士）、**『愛していると言ってくれ』**で水野紘子（常盤貴子）にフラれる矢部健一（岡田浩暉）などなど……とにかくテレビドラマでは、このフラれる人物をいい人に描いているパターンのオンパレードです。

映画では、ちょっと異色ですが**『ナビィの恋』**を挙げたいと思います。

沖縄の粟国島を舞台に、ナビィおばぁ（平良とみ）が、おじぃの恵達（登川誠仁）を捨てて、60年ぶりに島に帰って来た初恋の相手の元へ走るのですが、この恵達がひょうきんで、とぼけていて、でも、ものすごく優しい、いい人なのです。

おじぃが、腰の悪いおばぁのために大切な牛を売ってマッサージチェアを買うシーンがあります。おばぁは、そんなおじぃの気持ちが辛くて、ほんのちょっと座っただけで立とうとします。そんなおばぁに、おじぃは、もっと座っていろと引きとめます。2人の葛藤が伝わってきて切ないシーンです。

主人公が葛藤するように

もちろん、フラれる人物がいい人でないパターンもたくさんあります。

圧巻は**『スチュワーデス物語』**！

スチュワーデス訓練生の主人公・松本千秋（堀ちえみ）は、担当教官の村沢浩（風間杜夫）を好きになります。しかし、村沢には婚約者の新藤真理子（片平なぎさ）がいます。この真理子は、村沢や千秋に嫌がらせをしまくり、2人を引き離すためなら何でもするという、いい人とはかけ離れた人物に描かれています。

が、その代わりに村沢が真理子から離れようとしても離れられないよう強力なカセをはめています。

真理子は一流ピアニストとして輝かしい未来を約束されていたのですが、スキー場で村沢と衝突し、両手首を切断しなければならなくなったためにピアノを断念せざるを得なくなったのです。

村沢が自分から離れようとするたびに、真理子は両手にはめた手袋を歯で引っ張って外し「私の両手をこんな姿にしたのは、あなたなのよ！」と迫ります（このシーン、まさに衝撃的でした！）。

フラれる人物がいい人でないパターンの場合は、このように**離れられない設定**を強く作るか、あるいは、主人公が新しい恋人の元へ走ろうとするのを阻止する壁（たとえば身分の差など）を高く設定するなど、主人公が葛藤するようになる工夫を忘れないようにしてください。

このフラれる人物をいい人に描くパターンは、もちろんラブストーリー以外でも応用できます。

たとえば「復讐」や「背信」という課題があったとすると、主人公が復讐しようとする相手を、ついつい悪い人物に描いてしまいがちです。もちろん、それでもいいのですが、**いい人に描いたほうが**復讐しようと思う、が、できない、けれど……と葛藤させられやすくなるのです。

逆に、たとえば主人公が、かつて自分と母親を捨てたために憎んでいた父親を許す話を書こうと思ったら、父親を**いい人にしないこと**です。ついつい実は父親が自分たちを捨てたのには理由があって……としたくなるのですが、そうすると主人公の葛藤はつくりにくくなります。あくまでも父親は嫌な奴だったりヒドい男だったりする、それでも許せるか、と考えてみましょう。

ワンポイント
「いい人」が困るように設定する

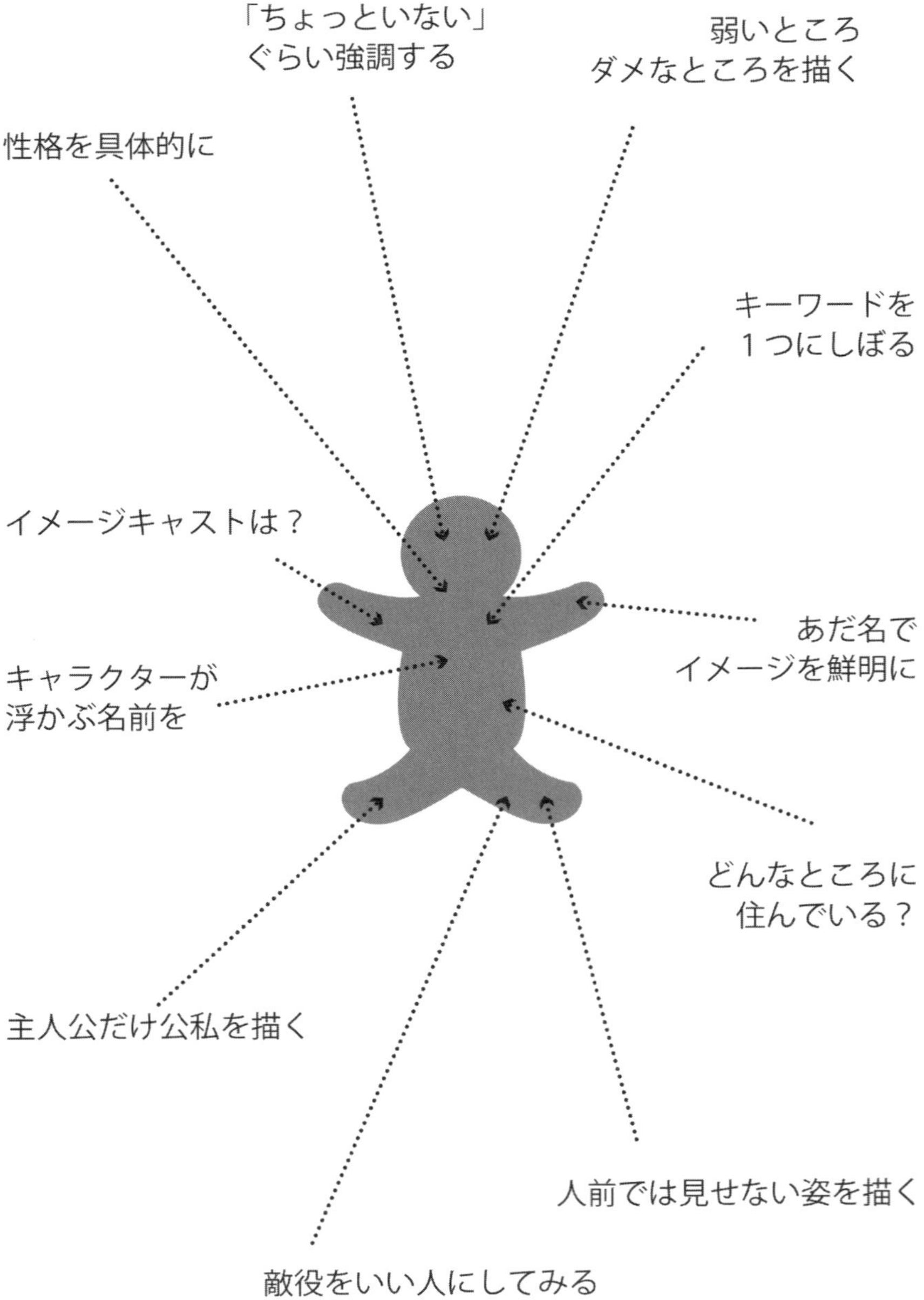
「ちょっといない」
ぐらい強調する
弱いところ
ダメなところを描く
性格を具体的に
キーワードを
１つにしぼる
イメージキャストは？
あだ名で
イメージを鮮明に
キャラクターが
浮かぶ名前を
どんなところに
住んでいる？
主人公だけ公私を描く
人前では見せない姿を描く
敵役をいい人にしてみる

2

〈展開力〉をつける講座

〈展開力〉をつける講座

人の不幸は蜜の味の術

「困ったちゃん」に困らせられる主人公が見たい！

あなたは成功した話と失敗談、どちらが好きですか？　どちらを聞きたいと思いますか？

多くの人が失敗談ではないでしょうか？　うまくいっている恋の話をされるより失恋した話のほうが興味ありますよね。

なんだか成功した話って自慢話やノロケ話みたいだし。

もちろん成功した話を聞きたい時もありますが、それは自分が何かを学びたい時ではないでしょうか。

人の話を聞いて笑ったり泣いたりしたい時は成功した話より断然、**失敗談のほうが聞きたい**ような気がします。

チャップリンの子どものころのエピソードで、こんなのがあります。チャップリンの母親はドサ回りの歌手をしながら女手ひとつで二人の子どもを育てていました。ある時、舞台の上で歌っていた母親の声が突然出なくなり、観客たちが野次を飛ばし始め、ただならぬ気配にチャップリンが舞台の上に立たされることになりました。まだ子どもだったチャップリンが、うろ覚えだった歌を歌い終わると、観客の一人が投げ銭をしたのです。貧しかったチャップリンは必死に走って投げ銭を取りに行きます。観客たちは、それを面白がって次々に投げ銭しました。チャップリンは、お金を拾おうと舞台を右に左に走り回ります。その姿がおかしくて観客たちは大笑い。さらに、歌を続けさせようと支配人が飛び出してきて投げ銭拾いを手伝おうとしましたが、チャップリンは、いつも母親のギャラをピンはねしている支配人に、お金を取られると思い、お金の取り合いに。観客は大爆笑したというのです。

何と残酷なエピソードでしょう。でも、これって人間の本質を突いているように思えます。

というわけで、章を改めて今回のシナリオ錬金術は、**人の不幸は蜜の味の術！**

困れば困るほど見たくなる

お昼の帯ドラマ**『冬の輪舞』**（一大ブー

ムを巻き起こした『**牡丹と薔薇**』と同じスタッフがさらなる話題作を世に送り出します、というのが宣伝文句でした）を放送していたとき、同じ局のバラエティー番組で、『冬の輪舞』で多いセリフベスト5！というのをやっていました。

第1位「やめて」「やめろ」
第2位「産むわ」
第3位「愛してる」
第4位「許せない」「許さない」
第5位「待って」「待てよ」

2位と3位は、さすが昼メロって感じですが、主人公が**「やめて」「許せない」「ちょっと待てよ」と言ってしまうようなこと**を周りの人物にさせている、あるいは、周りの人物が「やめろ」「許さない」「待ってくれ」と言ってしまうようなことを主人公にさせているということでしょう。

第2位の「産むわ」にしても、わざわざ、こういうセリフを言わせているということは産んではならない状況、つまり子どもを産むことで誰かが困る状況で、あえて「産むわ」なんじゃないかと思います。じゃなきゃ、わざわざ「産むわ」なんて言いませんもんねえ。

そうなのです、人物（特に主人公）が困っていれば困っているほど、観客や視聴者は「さあ、どうするんだろう？」「どうなる？　どうなる？」と思って引き込まれていくのです。

前にも取り上げた映画『**ローマの休日**』の冒頭の舞踏会のシーンでアン王女のスカートの中を映すところも、そうでした。スカートの中は誰にも見えないと、あ～あ、かったるいなあって感じでハイヒールを脱ぎ、ふくらはぎをさすったり足の指をニギニギしていたら、履こうとしたハイヒールが倒れて履けなくなってしまうのです。アン王女は表向きは澄まし顔で挨拶しながら、何とかハイヒールを履こうとしますがうまくいきません。ここで観客たちは「さあ、王女さまは、どうするんだろう？」と引き込まれ「ほら、早く履かなきゃ」と一緒になってハラハラドキドキするのです。

映画『**ジョーズ**』なんか最初から最後まで困らせっぱなしです。

まず、いきなり夜の海で泳いでいた女性が何ものかに襲われ沈み、翌朝、知らせを受けた警察署長の主人公が浜辺に行ってみると（ここまでで、海開きが近いこと、この島が海水浴場であるという「天地人」（時間的な設定、場所的な設定、人物設定）が見事な手際で示されているのにも注目です！）女性の死体はボロボロに食い散らかされています。一体何があったんだという主人公のもとに検死医から「サメの襲撃」との知らせが。これは大変と海岸を閉鎖しようとします。

ところが市長が海岸を閉鎖するな、と。検死医もサメじゃなくて船のスクリューに巻き込まれたんだと前言撤回。この町は夏の海水浴客の落としていく金で1年の生活が成り立っているのです。

大丈夫かなあ、と海を見ている主人公の目の前で少年がサメに襲われます。

こうなったら海岸閉鎖しかないという主人公に、市長は24時間だけだと限定します。と、賞金目当ての人たちがサメを捕まえます。ヤッターと喜んだのも束の間、海洋協会から来たサメの学者に、口のサイズが違うから捕まったのは違うサメだと言われます。主人公とサメ学者は捕まったサメと人食いザメが違うサメだと証明しようとしますが失敗。市長の説得にも失敗し海開きが行なわれます。

そして、また海水浴場がサメに襲われ男が犠牲になり、主人公の息子も襲われそうになって、ついに主人公は自ら海に出てサメ退治をする決意をします。

このあと主人公はサメの学者と、偏屈なサメの漁師の3人で人食いザメ退治をしようとしますが、サメの大きさとパワーに翻弄され作戦はことごとく失敗。逆に、どんどん追い詰められていきます。

本当に最後の最後まで、**これでもかこれでもかと主人公を困らせて**います。

主人公にとって良かったことが起きるのは唯一、３人の男たちが仲良くなるシーンぐらいでしょうか。

もう一つ、連続ドラマ『**29歳のクリスマス**』の第1話の入り方を観てみましょう。

トップシーンは山口智子さんが演じた主人公が自分の頭にハゲ（円形脱毛症）を見つけるところから始まります。

さらに会社（アパレル系）に行ってみるとパリコレへ行くはずが、左遷され五反田のパブレストランの店長をやるはめに。

さらにさらに、その日は主人公の29歳の誕生日なのに彼氏が出張。というわけで一人で飲んでいると、そこに彼氏が新しい恋人連れで来てしまい、結局、フラれることに。

おまけに生理が来てなくて、妊娠検査薬で調べてみたら……と、ここは、ちょっと救って妊娠してないことが分かりホッとして泣くのですが、もう、とことん困らせています。

主人公にとっての「困ったちゃん」

というわけで、**どうすれば主人公が困るだろう？ と考えてみてください。**

一番手っ取り早い方法として、主人公にとって一番困る人物「**困ったちゃん**」を**ぶつける**というのがあります。

「困ったちゃん」の考え方は二通り。

一つは、たとえば『**101回目のプロポーズ**』みたいに走ってくるトラックの前に飛び出して「僕は死にましぇ〜ん！」とか言ったり、『**東京ラブストーリー**』みたいに道の真ん中で大声で「セックスしよ！」と言ったり「24時間、私のことを考えていて！」というような誰にとっても「困ったちゃん」のパターン。

もう一つは、たとえば『**白い巨塔**』の里見のように、患者の立場に立って考え行動する誠実な医者なんだけれども、何よりもまず自分が地位と権力を握ることを第一に考える主人公・財前にとっては「困ったちゃん」というパターン。

　どちらも、普通の人にとっては全然「困ったちゃん」じゃないんだけど、**主人公にとっては**「困ったちゃん」になるわけです。

　小津安二郎監督の『**晩春**』も、原節子演じる娘は別に「困ったちゃん」ではありませんが、本当は娘と別れたくないのに娘を結婚させようとしている父親にとって、お父さんと一緒にいたいという娘は「困ったちゃん」になります。

　映画『**飢餓海峡**』の杉戸八重もそうです。自分に大金をくれた、たった一度しか会ったことのない主人公を、ずっと恩人として忘れず、主人公の切った爪を持ち続けているのです。普通なら「困ったちゃん」というより、受けた恩を決して忘れないイイ人です。しかし、強盗殺人を犯し逃げている主人公にとって自分のことを覚えている八重は「困ったちゃん」になります。

　まず、主人公のキャラクターや目的を考えてみてください。そして、このキャラクター、この目的なら、どんな人が「困ったちゃん」になるかなあ、と考えてみてください。

カメタクシーの悲劇

ワンポイント
主人公を困らせる「困ったちゃん」

〈展開力〉をつける講座

止めて美味しいおでんの術

ストーリーを止めて、ドラマ（葛藤）を描くと「面白く」なる。

「1日3ミリ、バス停ずらす。2年を費やし自宅の前へ」

ちょっと古いんですが、覚えてますよね？ オリエンタルラジオの「武勇伝」というお笑いネタの一つです。

これは、あくまでお笑いネタ。お笑いネタを、そのまま書いてもコメディにはなりません。

じゃあ、どうすればコメディになるか？

たとえば、少しずつバス停をずらしていたのに、ある日、バス会社の人が見つけて元に戻してしまいます。もう一度、一からやり直して、やっと家の前に……という直前で、また見つかって元に戻され～とするとコメディになります。

これが、**お笑いネタとコメディの違い**です。

主人公が笑えることをしました、だけだと、お笑いネタ。主人公が何かをしようとしたけど、邪魔が入ってうまくいかなくなる、でも、それを乗り越え何とかしようとする、うまくいきかけたら、また邪魔が入って～と、目的に向かう主人公に障害物をぶつけ右往左往させるとコメディになるわけです。

ストーリーとドラマの違い

これはストーリーとドラマの違いでもあります。

「ストーリーとドラマって、どう違うんですか？」とか「ストーリーではなくドラマを描けと言われたんですが、一体どうすればいいんですか？」という質問を、よく受けます。みなさんの質問の中でも最も多い質問かもしれません。それだけ疑問に思っていることなのでしょう。

でも、ストーリーとドラマの違いって、そんなに難しいことではないんです。いやいや、むしろ、とても簡単なことなのです。

話が先に先に進んでいるのがストーリー。ストーリーを先に進めず葛藤させるとドラマになります。

ストーリーが進んでいるときにはドラマ（葛藤）はなく、ドラマがあるときはストーリーは進んでいません。

なのでドラマを生み出すために、まず最初にやることは、ストーリーを止めて先に進めないようにすることです。

「面白い」と思わせるにはストーリーを展開させることだと思っている人が多い、というか大多数なのですが、実はドラマをつくって「面白い」と思わせるにはストーリーを展開させず、むしろストーリーを止めて先に進ませないことがコツだったのです。

おでんを美味しくするコツを御存知ですか？

それは、材料に火が通ったら、一旦、火を止めること。

味を早く染み込ませようとグラグラ煮ても、そうかんたんに味は染み込みません。むしろ、味が染み込むのは温度が下がるときで、これは煮物やカレーも同じ。次の日の煮物やカレーが美味しいのは、このためだそうです。

あなたのシナリオもストーリーを止めて、とびっきり美味しいシナリオにしてみてください。

というわけで、このシナリオ錬金術は、**止めて美味しいおでんの術！**

まずストーリーを止める

たとえば、太郎さんと花子さんが出会って、太郎さんは花子さんに一目惚れします。「つき合ってください」と告白すると花子さんは「喜んで」と二人は交際を始めます。二人の愛は燃え上がり、太郎さんは「結婚してください」とプロポーズ。花子さんは「ありがとう」と受けてくれます。太郎さんは花子さんの父親に「花子さんと結婚させて下さい」と頭を下げます。花子さんの父親は「太郎君、私は君のような息子ができて嬉しいよ。花子をよろしく頼む」と快く許してくれました。結婚式には二人の友人が大勢集まって祝福してくれて……。

これは話が先に先に進んでいるストーリーです。

じゃあドラマ（葛藤）をつくってみましょう。

そのためには、まずストーリーを止めます。どこでも構いません。たとえば二人が交際を始めたところで、太郎さんは友人の田中君から「え？ 花子とつき合ってるの？ 花子って結婚詐欺の前科があるんだよ？」と聞かされます。太郎さんは「まさか……」と思いながらも「でも田中の情報は、いつも正確だし……」と花子さんを信じようとする気持ちと疑ってしまう気持ちで**葛藤します**。でも、「いや、僕は花子さんを信じよう！」とデートに行くのですが、花子さんに「300万円貸してください。女手一つで育ててくれた母のお店が人手に渡ってしまうんです」と借金を申し込まれます。「これって、典型的な詐欺の手口じゃ……でも本当にお母さんが困っているのかもしれないし……」と**葛藤します**。

ほかにも、太郎さんが「つき合ってくだ

さい」と告白する前にストーリーを止めることもできます。で、たとえば告白しようと思う気持ちと告白できない気持ちで葛藤させるとか。

あるいは、父親に挨拶に行ったら「ウチは代々名門の医者の家で花子は一人娘なので医者の婿をとらせることになっている」と言われてもいいかもしれません。

分かりやすくするために、いささかベタな例になってしまいましたが……。

みなさんも、ご自分が書かれたシナリオを一つ引っ張り出してきて、どこかストーリーを止められるところがないか探してみてください。

意外とたくさんストーリーの止めどころが見つかってビックリするんじゃないかと思います。

「チャーリーとチョコレート工場」導入部

実際の映画やテレビドラマの例を観てみましょう。

まずは映画『**チャーリーとチョコレート工場**』。

チャーリー少年がジョニー・デップ演じるウィーリー・ウォンカのチョコレート工場の見学に行くまでの導入部でストーリーを止めています。

世界で5枚だけチョコレートの中に工場を見学できるゴールドカードが入っているのですが、チャーリー少年は貧しく、誕生日に1枚だけチョコレートを買ってもらえます。家族が見守る中、ゴールドカードが入っているんじゃないかとドキドキしながら包み紙を開けます。

が、ゴールドカードは入っていません。外れです。

チャーリー少年が工場へ見学に行くのは、観ている人は分かっているのですから、当たりにしてもよさそうなものですが、あえて当然こうなるだろうというストーリーを止めて先に進めないようにしているのです。

なので、観ているほうは逆に、**え？　じゃあ、どうなるんだろう？**　と引き込まれます。

さらに、チャーリー少年が拾ったお金でチョコレートを買い、そこにゴールドカードが入っていたところでもストーリーを止めています。

大金を出すからゴールドカードを譲ってくれという人たちがいて、チャーリー少年は貧しい家族のためにカードを売ると言い始めるのです。

たとえば、チョコレートの包み紙を開けゴールドカードが見えたところで、チョコレート工場の入口で見学者たちが並んで開門を待っているシーンに飛んでもいいのです。

そういう省略の「飛ばす」技術も必要でしょう。

ただ、ドラマ（葛藤）を作り出す力を身につけたいのなら「飛ばす」よりは「止める」ことをおすすめします。

食べられないカエル

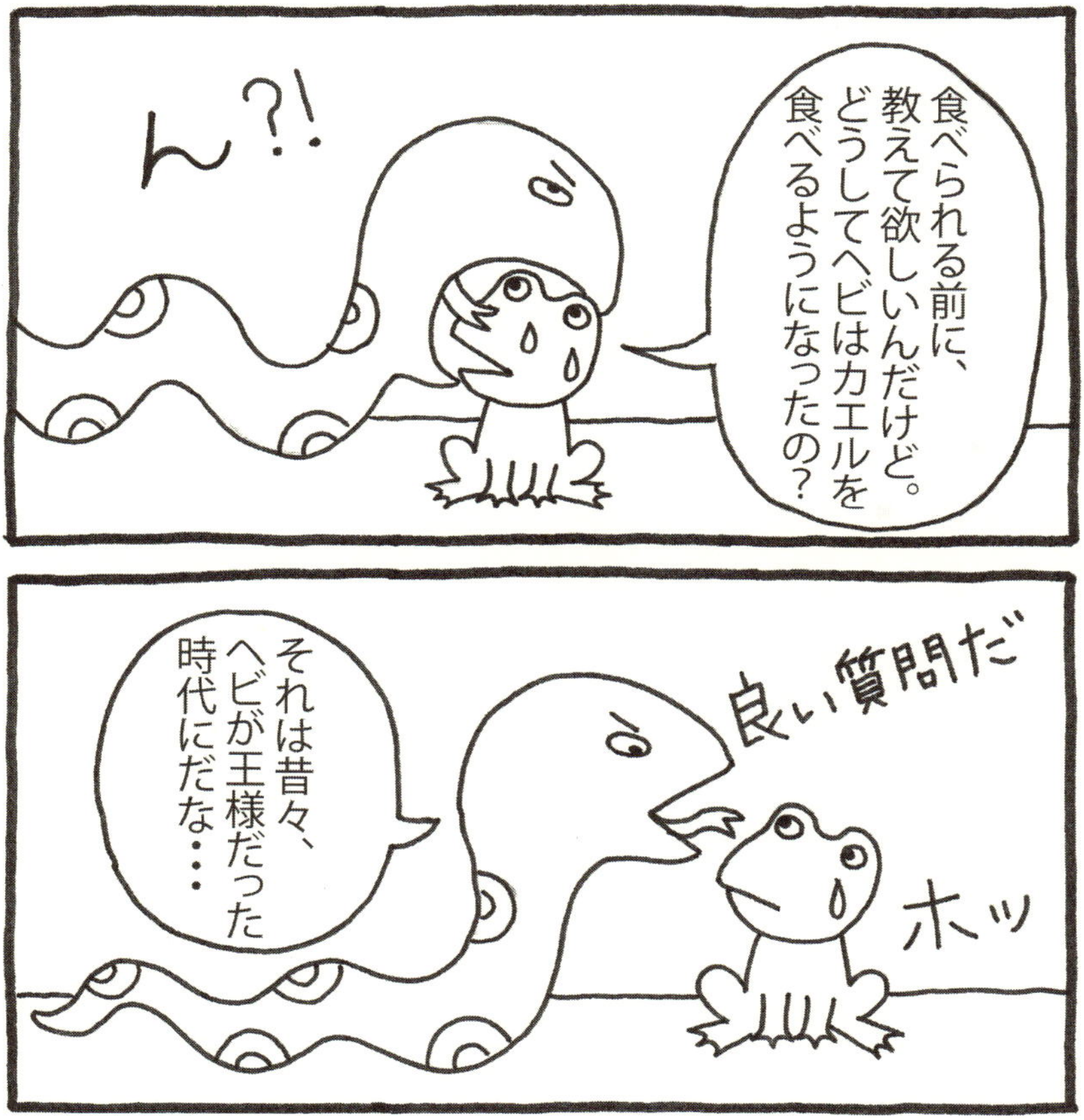

話を完結させせない

テレビドラマ『**王様のレストラン**』第2話でもストーリーを止めています。

フレンチレストラン「ベル・エキップ」に代議士夫人のグループが来て、伝説のギャルソン・千石（松本幸四郎）がオーダーを取ります。ところが千石は、コース料理しか作れないシェフ・しずか（山口智子）にヤル気を出させるため、わざとアラカルトの注文を取ってきます。

厨房は大パニックになりながらも何とか料理を作っていきます。

が、やっと料理が出来上がったと思ったら、オーナーの禄郎（筒井道隆）が料理を引っくり返してしまい一から作り直しになります。ストーリーを止めるどころか、元に戻してしまっています。

「20枚シナリオ（⇩6頁）は話が完結して

いなくていい」と言います。

それは20枚シナリオは、あくまで部分なので、話を完結させることより部分（ディテール）をしっかり描きこんでほしいという意図があるからです。

と同時に、20枚で話を完結させようとすると、話を先に先に進めるしかなくなってストーリーになりドラマ（葛藤）がなくなってしまいます。

基本的には**葛藤があればあるほど**観客や視聴者は「面白い」と感じてくれます。

つまり20枚で話を完結させようとすると「面白い」と思わせられないシナリオになりがちなのです。

だから本当は「20枚シナリオは話が完結してなくていい」のではなく「20枚シナリオは話が完結しないほうがいい」なのです。

また、20枚シナリオに限らず1時間や2時間（さらには連ドラなど）でも同じです。話をまとめようとして話を先に先に進めるとストーリーになってしまいドラマがなくなって「面白い」と思わせられなくなります。ストーリーは忘れても、シーンだけ覚えている、ということが多いと思いませんか。

ワンポイント
ストーリーを止めて葛藤させる

〈展開力〉をつける講座

トンとツーだけ モールス信号の術

2つのタイプの葛藤で、ストーリーではないドラマが描ける！

葛藤させるとドラマになる

トントントン、ツーツーツー、トントントン。

これはSOSのモールス信号です。映画などで船が遭難しかけた時、このSOSを通信士が打電している場面を見たことがあると思います。

最近では、ライフというカード会社のCMで最後に頭文字のLのモールス信号がトンツートントンと流れたこともあります。

　このようにモールス信号は、トン（短点）とツー（長点）だけを組み合わせてアルファベッドなどを表わします。Aはトンツー、Bはツートントントン……といったように、すべての文字がトンとツーのたった2つの組み合わせだけで表わされ、さらに、それを組み合わせて文章や暗号を作って通信するのです。

　たとえばSはトントントンと短点3つ、Oはツーツーツーと長点3つ、それを組み合わせてSOSとなるわけです。

　実は**葛藤**も同じなのです。元をただせば、**たった2つのタイプがあるだけ**。そして、その2つのタイプを組み合わせてつくっていけばいいのです。

　他のところでも書きましたが「ストーリーではなくドラマを描きなさいと言われるけど一体どうしたらいいのか分からない」という悩みを抱えている方が、とても多いようです。

　悩む必要なんてありません。ドラマなんて簡単なのです。

話が先に先に進んでいるのがストーリー、ストーリーを止めて先に進めず**葛藤させるとドラマになります**。

　ストーリーを止めて先に進めないことについて「止めて美味しいおでんの術」（⇩58頁）をご覧ください。

　ここでは葛藤のさせ方をお話しします。

　そして、この葛藤の作り方は、起承転結の承のつくり方でもあります。

　先日シナリオ・センターで行なったアンケートでは、構成の組み立て方、とりわけ起承転結の承のつくり方が分からない、あるいは身につけたいという方が多かったようです。承のポイントは、いかに葛藤させるか。葛藤のタイプは2つ。あとは、その2つのタイプを、組み合わせていくだけですから、ね？　簡単でしょ？

　というわけで、今回のシナリオ錬金術は、
トンとツーだけモールス信号の術！

「迷っている人」と「イライラしている人」

　ではまず葛藤の2つのタイプから。

　それは**「迷っている人」タイプ**と**「イライラしている人」タイプ**です。

　「迷っている人」は、たとえば主人公が、仕事が終わってビールが飲みたいなあ、でもγ-GTPが高いからジュースにしておこうかなあ、いやでも今日は契約取れたし、やっぱビールだよなあ……と二つの間で迷わせる、というものでした。

　このように主人公に対立する二つの気持ちを持たせ、その間で揺れ動かせば、「迷っている人」タイプ、略して**マヨ・タイプの葛藤**のつくり方です。

　「イライラしている人」は、たとえば主人公が、喉が乾いてジュースの自販機に行こうとすると、そこでは女子高生数人が「これがいいよ」「こっちがいいって」などと喋っていて一向に買おうとしない、とはいえ文句も言えずイライラしていると、やっと女子高生が去りジュースが買えるぞと思ったらヤクザのチンピラみたいなのが横から入ってきて先に自販機の前に……と次々に邪魔ものをぶつけてイライラさせる、というものでした。

　このように主人公に目的を持たせ、その目的に向かおうとする主人公に障害物をぶつけ、主人公が乗り越えようとすると、また障害物をぶつけていくのが「イライラしている人」タイプ、略して**イラ・タイプの葛藤**の出来上がりです。

　葛藤をつくるには、このマヨ・タイプかイラ・タイプか、2つのタイプのどちらかを考えればいいわけです。

「マヨ・タイプ」と「イラ・タイプ」の実例

マヨ・タイプの例として映画『**マディソン郡の橋**』を見てみましょう。主人公（メリル・ストリープ）は、橋を撮影に来たカメラマン（クリント・イーストウッド）と出会い、カメラマンとの愛を貫きたいという気持ちと、家族との生活を守らなければいけないという気持ち、主人公に対立する2つの気持ちを持たせ、その間で揺れ動くマヨ・タイプの葛藤が描かれています。

　特にクライマックスは、カメラマンとの駆け落ちを断り、家族との生活を選んだ主人公が街の中でカメラマンの姿を見つけ、夫の運転する車から飛び出そうとする、が、やっぱり飛び出せない、けど別れたくない、でも別れなければならない……とマヨ・タイプで激しく葛藤します。

　小津安二郎監督の『**晩春**』も、主人公の父親（笠置衆）が娘（原節子）を結婚させなければいけないと思う気持ちと、別れたくないという気持ちで揺れ動くマヨ・タイプです。

　ラブストーリーやホームドラマではマヨ・タイプの葛藤が描かれていることが多いといえます。

　一方、**イラ・タイプの例**として映画『**舞妓Ｈａａａａｎ！**』を挙げましょう。舞妓さんと野球拳がしたいという目的に向かう主人公（阿部サダヲ）に、たとえば一見さんお断りの壁があったり、会社の社長が常連と分かるのですが、お茶屋に連れて行ってもらうにはカップ麺の新製品をヒットさせなければならなくなったり、障害物をぶつけては、それを乗り越えようとし、また新たな障害物をぶつけてを繰り返すイラ・タイプの葛藤が描かれています。

　チャップリンの『**街の灯**』もイラ・タイプです。主人公は盲目の花売り娘の目の手術代を得ようとしますが、上手くいかず、また違う手で金を稼ごうとして失敗し……を繰り返していきます。

　イラ・タイプの葛藤が描かれるのはコメディやアクションが多いのですが、特にコメディでは圧倒的にイラ・タイプです。

　これはマヨ・タイプとイラ・タイプを比

べると、観客や視聴者はマヨ・タイプのほうがより深く感情移入し、イラ・タイプのほうが浅くなります。コメディの場合は、あまり主人公に深く感情移入しすぎてしまうと笑えなくなってしまうためです。

組み合わせの例

全体はマヨ・タイプですが、ある部分だけイラ・タイプになっている組み合わせもあります。

連続ドラマ『**恋ノチカラ**』の第1話は主人公（深津絵里）が、独立したてのCMクリエーター（堤真一）に引き抜かれ大手広告代理店を辞める話ですが、大企業に残って将来の安定を取るか、安定を捨ててやりがいのある仕事を取るか、マヨ・タイプで葛藤します。

そして、ついに大企業を退職する決意をすると、実は引き抜きは人違いで、あなたは雇えないと言われてしまいます。冗談じゃないと毎日オフィスに通いますが埒が明かず、元の上司に相談して大企業に戻ろうとしますが断られます。ここはイラ・タイプになっています。

話を聞いていたクリエーターのかつての上司（西村雅彦）に戻れるようにしてあげましょうと言われてから、本当に戻るのか、本当は戻りたくないんじゃないか、と、またマヨ・タイプで葛藤します。

もちろん逆に全体はイラ・タイプだけど、ある部分だけマヨ・タイプという組み合わせもありますし、前半はイラ・タイプで後半はマヨ・タイプという組み合わせなどもあります。

いずれにせよ、マヨ・タイプかイラ・タイプ、どちらの葛藤を描くか、明確にイメージしてみてください。

よく「ストーリーではなく、もっとドラマが描けているといいですね」というと「ええ？　私は、ちゃんとドラマを描いているはずですが？」とビックリした顔をされることがあります。

本人は何となく漠然とドラマを描いているつもりなのです。でも、実は描けていない方が意外と多いのです。

そして、マヨ・タイプなら、**どういう気持ちとどういう気持ちで葛藤させるのか、**イラ・タイプなら、**どういう目的に向かって、どういう障害物をぶつけ、どう乗り越えるのか、**それぞれ具体的に考えてみましょう。

このコツさえ分かってしまえばドラマを描くなんてお茶の子さいさい朝飯前です。

ワンポイント

葛藤は「マヨ」「イラ」2つのタイプだけ

〈展開力〉をつける講座

星一徹のちゃぶ台の術

最後の最後まで、何度でも引っくり返して葛藤させよう！

あなたはシナリオを書くときに「うまくまとめよう」と思っていませんか？

え？　うまくまとめようと思っちゃいけないの？

別に思っちゃいけないというわけではないのですが、うまくまとめようと思わないほうが「面白い」と思わせるシナリオになりやすいのです。

そもそも「うまくまとまっている」なんて、ちっとも誉め言葉じゃありませんよね。たとえば映画やドラマを観た人に感想を聞いて「うまくまとまってたよ」と言われたら、どうでしょう？　その映画やドラマを観たいと思いますか？　むしろ、大して面白くなさそうだなって感じですよね。

なので、うまくまとめようとする必要はないのです。

いや、だからってメチャクチャでいいとか、支離滅裂で構わないと言っているわけではありませんよ。

よくコンクールの選評座談会などで「うまくなくていい、自分の書きたいものを書いてほしい」というようなことが言われていたりしますが、うまくなくていいということなんてありません。だって、うまいとは、観客や視聴者が「面白い」と思うように、あるいは感動するように書くということです。ということは、うまくなくていい＝面白くなくていい、感動しなくていいということになってしまいます。そんなわけはないでしょう。

つまり言葉どおりの意味じゃないということです。

「うまくなくていい、自分の書きたいものを書いてほしい」とは、何かどこかで見たことがあるようなシナリオが多い、ということです。

もっと今までに誰も書いていないことを書いてほしい、すでにあるものに（それが、どんなに面白く感動したものであったとしても）似せて書かないでほしい、むしろ、似せないように書いてほしい、ということなのです。

うまくまとめようとすると、どうしても今までにある、ありきたりなパターンに陥りがちです。

じゃあ、うまくまとめないためには、どうすればいいか？

まとまりそうになったら引っくり返すのです。引っくり返して終わらせないようにするのです。さらにドラマが続くようにするにはどうすればいいか考えてみてください。

まとまりそうになったら引っくり返す、終わりそうになったら引っくり返す、というわけで、今回のシナリオ錬金術は、**星一徹のちゃぶ台の術！**

『ローマの休日』の引っくり返し

以前にも例として取り上げた名作『**ローマの休日**』を見てみましょう。

ヨーロッパ歴訪の旅でローマを訪れたアン王女は、宿泊先を抜け出し新聞記者と出会い、恋に落ちます。でも王女の立場では、かなわぬ恋です。もう宿泊先に戻ろう、ただ、その前に、せめて船の上のダンスパーティを楽しみたいと出かけていきます。

が、そこに王室の秘密警察が王女を連れ戻しに来ます。王女は思わず逃げようとします。乱闘になり、王女と新聞記者は水の中に飛び込み対岸へ。

そして、2人はキスをします。

王女は新聞記者の部屋へ。しかし、やはり王女としての責任を果たさなければと新聞記者と別れ、宿泊先へ戻る決意をします。

2人は車で宿泊先へ。しかし、別れがたく、またキスをします。でも、ついに王女は車を飛び出し走り去って行きます。

もう二度と会えない別れです。

王女の姿が見えなくなっても立ち去りがたく、王女が走って行った街角を見つめる新聞記者。しかし、王女が戻って来ることはなく……。

と、普通なら、ここで終わらせてしまいます。これでも十分に切ないラブストーリーになっています。そう、うまくまとまっていると言えるでしょう。

ところが、もうひとつ引っくり返しているのです。

翌日、王女の記者会見に、新聞記者は出かけて行くのです。もう二度と会えない別れだったはずが再会するのです。

しかし、それは恋人同士としてではなく、壇上の王女と、新聞記者としてです。

王女は、再び、壇上から駆け降り新聞記者の元へ飛び込みたい気持ちと王女の責任を全うしようと思う気持ちで**葛藤します**。

別れたくない、でも、別れなければならない……せ、切ない！

特に、あの王女の笑顔！　せ、せ、せ、せ、切な〜い！

『ターミネーター』の更なる引っくり返し

もうひとつ、ぜひとも取り上げたい映画があります。『**ターミネーター**』です（このあと、かなりネタバレありです、すみません）。

未来から送り込まれた殺人アンドロイド＝ターミネーターが、サラという女性を殺そうと襲いかかって来ます。サラを守るため同じく未来から送り込まれた人間の兵士とサラは、ターミネーターと戦いながら、ひたすら逃げまくります。

そして、ターミネーターがタンクローリー車に乗ってサラを轢き殺そうと襲いかかってきた時、兵士はタンクローリー車に爆弾を仕掛けることに成功します。

サラに迫るタンクローリー。まさにサラが轢き殺されようとした寸前、タンクローリーが爆発炎上。火の海の中でターミネーターも火だるまになり燃えていきます。

ついにターミネーターを撃退した……とサラと兵士は抱き合います。

と、普通なら、ここで終わらせてしまいます。

いや、観客の誰もが、これで終わったのだと思いました。

ところが、もう一つ引っくり返していきます。

抱き合うサラと兵士の向こう側、火の海の中からターミネーターの骨組みだけが立ち上がってくるのです。

これには、みんなビックリ！　度肝を抜かれました。

さらに、骨組みだけになって襲いかかってくるターミネーターの体に、兵士は爆弾を自分の手で差し込み自爆します。

さすがのターミネーターも骨組みから吹っ飛ばされます。しかし、兵士も命を落とします。自らの命を犠牲にサラを守ったのです。

兵士の遺体に駆け寄るサラ。

と、今度こそ終わったのだと思った瞬間、さらに、もう一つ引っくり返したのです。

下半身を吹っ飛ばされたターミネーターが上半身だけで襲いかかってくるのです。

この『ターミネーター』は、あのジェームス・キャメロン監督の出世作です。

特に、火の海から立ち上がってくるところが骨組みだけのターミネーターの骨組みだけが立ち上がってくるところが話題になり注目されました。

もう一つ引っくり返す星一徹のちゃぶ台の術が、現在のジェームス・キャメロンを生んだと言っても過言ではないでしょう。

聞いた話ですが、当初まったく期待されていなかった『ターミネーター』は予算がなくなってきたこともあり、タンクローリー爆発炎上で撮影を打ち切るように言われたそうです。

確かに、あそこで終わっていたとしても一つの話としてはまとまっています。

しかし、それでは、あまたあるB級SFアクション映画の一つとして埋もれていたでしょう。全世界興行収入18億ドル以上といわれる『**タイタニック**』も、この世に存在しなかったかもしれませんね。

へんてこな動物

見たことないけど食べてみるか
？
グエェ
いや、待てよ毒がないかな…
ピクッ
わっ！飛んだ
バサササッ
昨日の動物！子供もいるぞ
グエェ
グエェ
今日こそ食べてやる
ピクッ
グエッ
美味しい？美味しいの？
あおっ
グエッ
ガブッ

主人公が死んでも ドラマは続けられる

20枚シナリオ（⇩6頁）でも、うまくまとめようとしないで、ぜひ、もう一つ引っくり返してみてください。

20枚シナリオでは、20枚で話が終わらなくて構いません。途中で尻切れトンボになってもいいのです。

いや、むしろうまく終わってしまわないように、20枚でうまくまとまらないように、あえて尻切れトンボになるように、もう一つ引っくり返そうとしてみましょう。

そうして『ローマの休日』や『ターミネーター』のような最後の最後まで、もう一つ葛藤させる力を身につけてください。

いや、もし20枚で話が終わってしまったら、それはそれでいいのです。その時は、この20枚の後、どうしたら葛藤を続けられるかなあ、もう一つ引っくり返せるかなあ、と考えてみるといいでしょう。

自分では終わったと思っていても、意外と続けられるものです。

主人公が死んだら、さすがに続けられないだろうって？

そんなの幽霊になって蘇らせてもいいし、釈由美子がいる恨みの門に立たせてもいいでしょう。

ドラマは続くよ、どこまでも～♪

ワンポイント
まとまりそうになったら 何度も葛藤させる

〈展開力〉をつける講座

つばなれに気をつけろの術

柱を少なくして、ひとつのシーンをじっくり描いてみよう。

落語の世界では、お客さんが十人超えることを「つばなれ」というそうです。ひとつ、ふたつ……ここのつ、と「つ」がついていたのが十になると「つ」がつかなくなるからです

落語のつばなれは大変結構なことですが、シナリオでは数が増えたからって喜んでいられないものがあります。

それは柱の数。

あなたのシナリオに柱はいくつありますか？

そんなの考えたこともないという方、是非これからは自分のシナリオに柱がいくつあるか数えてみてください。

1時間や2時間のシナリオだと数えるのも面倒かもしれませんが、20枚シナリオ（⇩6頁）なら大したことないので、つねに柱がいくつあるか数える習慣をつけておくといいかもしれません。

柱の数はシーンの長さと反比例します。もちろん長いシーンもあれば、たった1行の短いシーンもあるわけですが、平均すると、どれぐらいの長さのシーンを書いているかの目安になるわけです。20枚シナリオで柱の数が多いと短いシーンをたくさん書いていることになりますし、柱の数が少ないと比較的シーンをじっくり書き込んでいるということになります。

そうやって20枚シナリオで、どのくらいの長さのシーンを書けばいいか感覚的に身につけておけば、1時間や2時間のシナリオを書く時も、そんなに狂わないはずです。

ズバリ、20枚シナリオの柱の数は8から10が目安です。

少ない分には問題ありません。でも10を超えてくると要注意。短いシーンが多いということは、次々と出来事を並べただけのあらすじのようなシナリオになっている可能性が大です。もっと、じっくりシーンを描き込むことを意識したほうがいいでしょう。

20枚シナリオの柱の数は10を超えたら要注意。

ということで今回のシナリオ錬金術は、

つなばれに気をつけろの術！

柱の数を数えてみよう

アトランダムに今、私の手近にあるシナリオの柱がいくつあるか数えてみますね。

まずはテレビドラマ。**『ハケンの品格』**の第1話はスペシャル枠で時間が長かったので73と多めですが、第2話が42、第3話が52、第4話が57です。

『ロング・バケーション』も第1話の放映時間が長く80、第2話が42、第3話が50、第4話が41、第5話が41、第6話が60。

どちらも1時間だと多くても60、平均すると、およそ50前後になっています。

連ドラの1時間ものは２００字詰め原稿用紙で１００枚から１２０枚なので、20枚シナリオは5分の1から6分の1です。

なので20枚シナリオの柱の数は多くても10から12、およそ8から10ぐらいが目安になるわけです。

次に映画のシナリオも見てみましょう。**『晩春』**は上映時間１０８分で１０３でした。**『飢餓海峡』**は上映時間１８３分で１８７。平均すると、ほぼ1分で柱がひとつぐらいでしょうか。

ということは20枚シナリオで考えると9

から10ぐらいということになります。

もちろん、たとえば『**豚と軍艦**』は108分で柱の数が147ですから、やや多めのものもあります。ただ多めといっても20枚シナリオで考えると12から13ということになります。逆に言うと、これぐらいだと、ちょっと多いかなあ、ということになるかもしれません。

確かに昔の映画はひとつのシーンをじっくり描いているかもしれないけど、最近の映画はシーンが短くなっているんじゃないの？　と思われる方も多いかもしれません。

ところが、たとえば『**運命じゃない人**』は上映時間98分で柱の数が78でした。『飢餓海峡』や『晩春』よりも少なめです。

いやあ、『運命じゃない人』が『晩春』よりも柱の数が少ない、つまりひとつのシーンをじっくり描いているというのは正直、驚きでした。

さらに『**フラガール**』は上映時間120分で柱の数が80！

もちろん、この映画はダンスシーンが多いので長いシーンが多くなり、上映時間に対してシナリオの枚数は少なくなるわけですが、でも、シナリオは、ざっと200枚弱ぐらい。ですから、20枚シナリオで考えると8となり、やや少なめであることに変わりはありません。ちなみに『晩春』のシナリオは220枚弱ぐらいだと思います。

もちろん、たとえば『**暗いところで待ち合わせ**』のように上映時間129分で柱の数が195と、やや多めのものもあります。

柱の数を少なくするには

では実際に、みなさんの20枚シナリオでは、どうでしょう？　おそらく柱の数が8から10という目安より多くなってしまいがちなのではないでしょうか。

つまり、ついついシーンが短くなっていませんか？

では、なぜ柱が多くなりがちなのか、逆に言うと、どうすれば柱の数を少なくできるのでしょう？

まず第一に、とにかく、つめこもうとしないことです。

20枚シナリオを書き始めた頃は、みなさん、1時間や2時間、下手をすると連ドラぐらいの話を考えて、それを無理矢理20枚につめこもうとしてしまったりします。

そうすると柱が次々と変わっていって、あらすじみたいな20枚になってしまいます。それほどではなくても、一つの話を考えて、それを20枚に収めようとすると柱は多くなりがちです。

あくまでも20枚は部分と考えてください。また、20枚シナリオを書いていると、ほとんどの人が枚数オーバーになってしまうことが多いのではないかと思います。

その時にオーバーしたもの全体を20枚に入るように削っていませんか？

逆です。おそらく枚数オーバーのシナリオを書いている時は、何とか20枚に収めようと無意識にシーンを短めに書いていると思います。特に後半。10枚ぐらい書いてみて、あれ？　これじゃあ20枚に入らないぞと後半スッ飛ばして書いてしまうのです。

こんな時こそ「つばなれ」を目安にしてみましょう。

枚数オーバーしてしまったら、柱が8から10の部分を選び出してみてください。おそらく20枚より少なくなっていると思います。場合によっては10枚にも満たないかもしれません。

その部分が20枚になるように、シーンをしっかり描き込んでみます。

少し20枚シナリオを書き慣れてきたら、逆にあえて1時間や2時間のシナリオをイメージすることもオススメです。最初から、これは1時間なり2時間のシナリオなんだというイメージを持つのです。だったら20枚でなんか書けっこないわけです。そして、その1時間なり2時間のシナリオの、どの20枚の部分に絞り込んで描こうかと考えていくのです。

柱ひとつで書いてみる

さらに、みなさんに是非やってもらいたいことがあります。

それは**20枚シナリオを柱ひとつで書くこと**です。

実際やってみたことがあるという方もいらっしゃるでしょう。そういう方は、もう一度チャレンジしてみてください。

20枚シナリオの柱の数の目安は8から10ですが、最初にも書いた通り少ない分には問題ありません。少なければ少ないほどいいということでもありませんが。

もちろん20枚を柱ひとつで書くことは簡単なことではありません。いや、ただ書くだけだったら書けますが、たとえば人前で発表したときに「面白い」と思ってくれるまではいかなくても、せめて退屈しないように書くだけでも結構、大変です。

でも実は、柱ひとつで書く大変さは、いくつかの柱を立てて書いているときと変わらないはずなのです。ただ、柱を立てて場所を移動させていると誤魔化されているだけにすぎません。

特に、どんどん柱が変わっていくことがテンポがあると勘違いしている方がいますが、本当は場所が変わらなくても事件を起こしたり人物を出入りさせたりして、主人公にリアクションさせ、ドラマを起こしていくことでテンポを生み出していけるはずなのです。

最近の映画では『**キサラギ**』が、20枚どころか上映時間１０８分、基本的には柱ひとつでした。基本的にというのは回想シーンやイメージシーンが挿入されているからですが、時間経過はなくひとつの場所でリアルタイムで描かれていました。それでも、とてもテンポよく、ぐいぐいとドラマに引き込まれていきます。

時間経過はありますが、川島雄三監督の

『しとやかな獣』も、ほとんど柱ひとつで描かれていました。ヒッチコックの**『裏窓』**もそうですね。

時々、20枚シナリオを柱ひとつで書いてみると、どれぐらい自分に力がついたか、よく分かると思います。

ワンポイント

柱の数を少なくする

〈展開力〉をつける講座

走る列車に飛び乗れの術

もうすでにドラマは始まっている！　もうひとつ先から描いてみる——起承転結の「起」。

20枚シナリオ（⇩6頁）を書いて、「起承転結の起のつもりで書いたので、これから面白くなるんです」と言われる方がいます。

確かに20枚シナリオは1時間や2時間、あるいは連ドラなどの長いシナリオの一部分です。なので、長いシナリオのどこを描いても構いません。クライマックスの20枚でも、途中の20枚でも、もちろん出だしの20枚でもいいわけです。

おそらく実際には、この出だしの20枚を、起承転結の起のつもりで書かれている方が一番多いのではないでしょうか。

じゃあ、起承転結の起だから、これから面白くなるでいいのでしょうか？

最初の10分でいかに引きつけるか

プロの現場では最初の10分（およそ20枚シナリオの長さです）で、いかに観客や視聴者を引きつけるかが求められます。特にテレビドラマは、**最初の10分が面白くないと、さっさとチャンネルを変えられてしまいます**。そして、たとえば連ドラの第1話の最初の10分でチャンネルを変えた視聴者が2話目以降を観るかというと、たぶん観ないでしょう。どんなに長丁場の連ドラでも第1話の最初の10分が、まず勝負と言われているのです。

ではコンクールでは、どうでしょう？やはり、審査員が読み始めて「へぇ！面白いな！」と思って読み進めていくのか、「何だかなあ……」と思って読み進めていくのかでは、評価が違ってくることもあります。特に1次2次3次審査といった場合、一人の審査員が何十本と読むケースが多いので、題名やあらすじも含めて最初にできるだけ引きつけておきたいわけです。

「起承転結の起のつもりで書いたので、これから面白くなる」ではなくて「起承転結の起で、すでに面白いと思わせる」シナリオを書いてください。

　そのためのコツの一つとして、これからドラマが始まるところから描くのではなく、もう**すでにドラマが始まっているところから描く**というのがあります。

　イメージとしては、駅のプラットホームに停まっている列車に乗りこみ、席について待っていると発車のベルが鳴って列車が動き出す、のではなく、すでに走り出した列車にプラットホームを走って飛び乗る感じです。

　というわけで、今回のシナリオ錬金術は、

走る列車に飛び乗れの術！

「起」はプロローグではない

　もうすでにドラマが始まっているところから描くというと、起承転結の起から描くのではなく、起を省略して承から描くということですか？　と質問されることが多いのですが、そうではありません。

　というか、おそらく、そういう質問をされる方は起承転結の起が、たとえばプロローグのような、歌でいう前奏のようなもので、起でドラマの前提となるものを提示し、承でドラマが始まるのだと勘違いされているのではないかと思います。

　そうではありません。

　起はプロローグや前奏ではなく、あくまでもドラマの始まりなのです。発端部ということもできるでしょう。発端を辞書で引くと、物事の始まりや事の起こりとあります。起で事件は起こっているのです。

　新井一著『シナリオの基礎技術』では、栗ようかんを例にされています。栗ようかんを切る時に、栗が見えていない切り方ではなくて、切り口に栗が見えていて、はっきりと、ただのようかんではなく栗ようかんだなと分かるように切る、つまり栗＝**事件や感情のあるところから始める**のだと書かれています。

　だったら、起から始めるんじゃなくて承から始めるでもいいような気がしますし、そう考えたほうが分かりやすいという方は、それでも構いませんが、「天地人」（時間的な設定、場所的な設定、人物設定）を分からせるなど、起ですべきことを忘れないよう注意してください。

　というか正確には、起でドラマの前提となるものを提示し、承でドラマが始まるのではなく、起でドラマを始めること。そしてドラマを始めながら天地人を分からせたり、アンチテーゼを示したり、魅力づけをしたりすることこそが起なのです。

『ロングバケーション』の出だし

連続ドラマ『**ロングバケーション**』の出だしを例に、お話ししてみましょう。

いきなり山口智子さん演じる主人公・葉山南が白無垢、角隠しの花嫁衣装で東京の都心を走っています。赤信号ではイライラと足踏みしたりして。そして、あるビルの中へ走りこみ裾がめくれ上がって太腿も露わに階段を駆け上がっていき、あるドアのチャイムを鳴らします。

その部屋で寝ていた木村拓哉さん演じる瀬名秀俊がドアを開けると、白無垢で息をハアハアさせた南が立っていて、思わずドアを閉めます。が、またチャイムが鳴らされ再びドアを開けると、南はどんどん部屋に入ってきます。

このあと、実は南は結婚式当日で、しかし相手が式場に現われず、いてもたってもいられなくて走ってきたこと、その相手は瀬名と、この部屋をルームシェアしていたが引っ越して出て行ったことが話され、その相手の置手紙が出てきて、どうやら相手には好きな人ができて南は捨てられたことが分かるのです。

南は、かつてはモデルとしてバリバリ仕事をしていましたが、今ではスーパーのチラシなどの冴えない仕事しかなく、30歳を超えて結婚を機に事務所を辞めようとしていました。たとえば、このあたりから描き始めると南の人物紹介としては、とても分かりやすいかもしれません。

あるいは結婚式場。控室では友人や仕事関係の人たちが南の人となりを話していたりして、花嫁控室では南が現われない新郎にヤキモキしていて……もし、このドラマのシナリオを書くとして、おそらく一番多くの人が、この出だしを選ぶのではなかと想像します。決して悪い出だしではありませんし、そこそこ面白くもなりそうです。

が、どこか今までに観たことがあるような印象は否めません。

その、**もうひとつ先を描いている**のがポイントです。

このドラマは南と瀬名のラブストーリーですから、2人が出会うところからドラマは動き始めます。もうひとつ先を描くことで、いきなりドラマが動き始めているところから描き出せるのです。

もちろん、瀬名の事情、芸大を出たピアニストだがコンクールに落ち続けていて、今は子どもの音楽教室の先生をしていて、大学の後輩の涼子ちゃんに想いを寄せていることも紹介されてはいません。この出会いの後に描かれていくわけです。

このようにドラマが動き出していながら、同時に「天地人」をうまく描き出しています。

まず南が白無垢で走るところで、現在の東京が舞台だなと分かります。天地人の「天」、それも現在なのか昭和初期なのか江戸時代なのかといった大まかな時代背景を伝えるには、街中を映すのが一番手っ取り早いのです。建物の様子、行きかう人の服装などを描写すればいいわけです。

　次に南が駆け込んでいくビル、そして、瀬名が起きてきてドアを開け南が入り込んでくる部屋、この場所が、このドラマのメイン舞台となります。

　そして、南と瀬名が主役であること、2人のセリフのやりとりで、それぞれの性格が浮き彫りにされています。

もうひとつ先から

　20枚シナリオで出だしの20枚、起承転結の起のつもりで書く時は、**いま自分が描こうとしている、もうひとつ先から描く**ようにしてみてください。いま書こうとしている20枚の、次の20枚を書くイメージでしょうか。

　でも、そんなことをしたら、よく分からないのではないかと危惧する人が多いのではないかと思います。

　そうなのです。どうしても、いきなりドラマを始めるのではなく、まずドラマの前提となる人物紹介や事情の説明をしてしまうのは、そのほうが安心感があるからでしょう。

　逆にいうと「よく分からない」「分かりにくい」と言われることを怖れすぎていませんか?

　もうひとつ先から描いて、本当に「分からない」のであれば、たとえばコンクールなどの1時間や2時間のシナリオにするときには、ちょっと前から描いてやればいいだけのことです。20枚シナリオは部分ですから後ろを伸ばすこともできますし、前を伸ばすことだってできるのですから。

　「分からない」ことを怖れている人には、ぜひ荻上直子監督・脚本の映画『**かもめ食堂**』を、観てください。小林聡美さん演じる主人公のサチエがフィンランドで食堂を開店するまでの事情は、まったく描かれていません。日本で何をしていたのか、どうしてフィンランドで開店することになったのか、分からないのです。

　もちろん作り手はサチコの生い立ちや事情をしっかり考えていることが、たとえば毎夜欠かさず行なっている習慣が合気道の膝行という基本動作であることからもうかがわれます。**考えてはいるけれども、あえて描いていない**ということでしょう。

　事情が描かれていないことで、むしろ、この主人公って、どんな人なんだろうと想像したくなります。

　確かにテレビドラマでは「分かりやすい」ことが求められます。しかし、必ずしも「分かりやすい」ことがイコール「面白い」とは限らないことも知っておいて損はないと思います。

ワンポイント
いきなり事件から始めていい

〈展開力〉をつける講座

どこを切っても金太郎！の術

どこを切っても起承転結。だから「面白い」。

今回は、実際の例で説明したほうが分かりやすいので、映画『**ターミネーター２**』のアーノルド・シュワルツェネッガー（以下、シュワちゃん）登場シーンを観てみましょう。

突如、空中を電気のようなものがビリビリ！ と走ってシュワちゃんが登場します。全裸です。

ちょっと先に酒場らしい建物があるのに気づきます。近寄ると店先に数台のバイクが停めてあります。店に入ると全裸のシュワちゃんに、みんなビックリ！ シュワちゃんは、そのうちの、いかにもならず者風の男に「服とバイクを寄越せ」と言います。が、そんなの、くれるわけありません。ならず者グループが殴り掛かって来て乱闘になります。シュワちゃんは、どんなに殴られても全然平気です。ならず者は、こっぴどく痛めつけられバイクのキーを差し出します。

店から出て来たシュワちゃんは、ならず者が来ていた黒の革ジャン姿になっています。バイクで立ち去ろうとします。

と、店主らしい男が出て来てライフル（ショットガン？）を構えます。が、シュワちゃんは脅えもせず銃身を引っつかんでライフルをもぎ取り、男に近づきます。ならず者たちをブチのめしたように乱暴するのか……と思いきや、男の胸ポケットからサングラスを取ってかけ、バイクで走り去って行きます。

というわけなんですが、これ、**起承転結になっている**んですね。

最初は全裸だったシュワちゃんが、最後に革ジャンとバイクを得て去って行きます。これが起承転結の起と転の変化です。

そして、承でシュワちゃんは服とバイクを得るという目的に向かって行動し、それに対し邪魔が入り、その障害物を越えると、また邪魔が〜という**葛藤**が組まれています。

どこも起承転結

ちょっと先を観てみましょう。

ジョン少年を探していたシュワちゃんは

姿を見つけ追いかけます。

ところが敵のターミネーターがジョンの命を狙っていて、シュワちゃんより先にジョンに迫ります。遅れてたどりついたシュワちゃんは敵ターミネーターと乱闘に。ところがシュワちゃんはやられてしまいます。

バイクで逃げるジョンを敵ターミネーターがトラックで追い轢き殺そうとします。やっと追いついたシュワちゃんが、危機一髪のところでジョンを助けます。

そして敵ターミネーターのトラックが爆発炎上、シュワちゃんとジョンは無事、逃げ去ります。

ほら、ここも起承転結になっていますよね？

母親がシュワちゃんの写真を見せられて病院を脱出しようと思ってから、シュワちゃんや少年と合流し病院を抜け出すところも。

母親がスカイネットを開発することになる黒人を殺しに行こうとし、結局、殺せないところも。

サイバーダイン社という会社に忍び込み、資料を焼却し初代ターミネーターの腕の骨組みとコンピュータチップを得るところも。

そこから脱出するところも。

クライマックスの敵ターミネーターをやっつけてから「ここにもチップがある」とシュワちゃんが言い、ラストシーンまでも。

そうなのです。『ターミネーター2』という映画全体が起承転結になっているんですが、実は、その一部分を切り取れば、ここもあそこも、あそこもここも、どの部分も起承転結になっているんですね。

というより、逆に言うと、どの部分も起承転結になるように作られているわけです。

これこそ、シナリオ錬金術、どこを切っても起承転結、**どこを切っても金太郎！の術**です。

「面白い」の積み重ね

どこを切っても金太郎だからこそ、20枚シナリオ（⇩6頁）を書いていれば1時間のシナリオも2時間のシナリオも、あるいは、連続ドラマも、NHKの大河ドラマや朝の連続テレビ小説も、昼の帯ドラマも、もっと長くて、それぞれ1話1話の長さが違うシナリオだって書けるようになるわけです。

たとえば1時間連続ドラマでいうと、10話連続なら10話全体で起承転結になっています。

さらに、その1話1話、各回が起承転結になっています。

そして、その1話の中の、ある部分を切り取ってみると起承転結になっています。

試しに『**僕と彼女と彼女の生きる道**』の第3話を観てみましょう。

第3話は、義母に娘（凜ちゃん）を預け

るつもりだった主人公が、一緒に暮らすようになる間の葛藤を描いて全体で起承転結になっています。

たとえば、音楽会の朝、2人でハーモニカの練習をしてから、音楽会で失敗した凜ちゃんを抱きしめるまでの部分も起承転結になっています。

また、凜ちゃんを義母に預ける前日、荷造りしていた主人公が、2人で動物園に行き、このまま一緒に暮らそうと言うところも起承転結になっています。

どこを切っても金太郎なわけですから、20枚シナリオでは安心して部分を描いてください。自分が書いてみたい1時間や2時間や、連続ドラマや大河ドラマや朝の連続テレビ小説や昼の帯ドラマの、どの20枚を描こうかと考えてみましょう。

20枚シナリオは映像にすると、およそ10分弱ぐらいです。つまり1時間や2時間や、もっと長い映画やテレビの10分弱の部分をドラマとして描くわけです。

出だしでも途中でもいいのです。でも、たとえば「この20枚シナリオは出だしの10分だから、これから面白くなるんです」ではありません。また「この20枚シナリオは部分なので全体を観てもらえば面白くなるんです」でもありません。

約10分の部分ですが、でも、その部分をいかに「面白い」と思わせるように描くか、なのです。

映画やドラマを観ていて、観ている時は「面白い」と感じなかったけど観終わってから「面白い」と思ったということは、あまりないと思います。やっぱり、観ているその時その時がリアルタイムで「面白い」と感じるからこそ「面白い」と思えるわけです。

だからこそ、**どの部分も起承転結になっているのです**。1つのシーンにも1つのセリフにも「面白い」と引きつける構成があるのです。

そして、観ているその時その時が、次から次へとつねに「面白い」からこそグイグイと引きこまれるわけです。

逆に全体は「面白い」かもしれないけど、その時その時は「面白い」と感じないとしたら、どうでしょう？　たとえば映画を観ていて10分観ても20分観ても30分観ても、つまらなかったらどうでしょう？　たとえば連続ドラマで、毎回毎回「面白い」と感じないとしたら？

まずは「面白い」部分の積み重ねなのです。

だからこそ「面白い」20枚シナリオを書くことが「面白い」シナリオを書くことになるのです。

20枚シナリオの前後に

よく「20枚シナリオを1時間や2時間のシナリオにしたいんですけど、どうすればいいですか？」と質問されます。

リス丸の大仕事

まずは20枚シナリオを書くときに最初から1時間なりの2時間なりの映画やドラマをイメージし、そのある部分の20枚シナリオを書いていれば、まったく問題ないでしょう。

ただ、毎回毎回、課題の20枚シナリオを1時間や2時間の映画やドラマをイメージしてから書くのは大変です。

なので、とりあえず20枚シナリオを書いてから、それを部分として1時間なり2時間なりの全体をイメージするわけです。

でも、それができれば問題ないわけで、それが難しいから質問が多いわけです。

次の20枚を考えてみてください。自分の書いた20枚シナリオの最後に、**どうすれば、また主人公のドラマが続くのか**を考えてみます。そして、続きの20枚シナリオを考えてみるのです。できれば新たな登場人物を加えずに。

逆に前でも構いません。自分の書いた20枚の前の20枚シナリオを考えてみるのです。

あるいは、自分の書いた20枚シナリオを出だしの20枚とイメージし、**その主人公が最後にどう変化するのか**を考えてみます。

この主人公が、こうなってほしいとか、こうなるといいなあ、とか、そうすれば**起と転の変化**をつくることができます。あとは、その間の**承で、どう葛藤させるか**考えればいいのです。

全体は部分の積み重ねであるというイメージさえ持てれば、おそらく全体が浮かびやすくなると思います。

ワンポイント

「部分」「部分」で起承転結を

〈展開力〉をつける講座

ウィニングラン&お立ち台の術

ストーリーの後のラストシーンに、とどめの一撃で余韻を描く——起承転結の「結」。

今回のシナリオ錬金術は起承転結の**結**の**話**をします。

考えてみると起や承や転の話をすることはたくさんありますが、結の話をすることって、あまりありません。

逆に、みなさんから起や承や転のことを

質問されることはあっても、結について質問されることはめったにありません。

というのは20枚シナリオ（⇩6頁）は、あくまでも部分を描くもので、話をまとめなくていい、いや、むしろまとめないようにしたほうが力がつきます。つまり20枚シナリオでの最後のシーンはラストシーンとは違うのです。なので、ふだん結の話をすることは、どうしても少なくなります。

〈結〉はマラソンレースのゴール後

では結とはどういうものでしょうか？ まず結は落語や四コママンガの**「オチ」ではありません**。よく結＝オチと勘違いしている人がいるのですが、違います。

もちろん結がオチになっていることもあります。たとえば映画**『猿の惑星』**がそうですね。テレビドラマでいうと**『世にも奇妙な物語』**でしょうか。

しかし、結がオチになっていることは少なく、全体からすると、ほとんど稀な例と言っていいでしょう。

ではどういうものかというと、**テーマの定着であり余韻である**、とお話しています。

イメージとしてはマラソンレースのゴールの後、優勝したランナーがするウイニングランやお立ち台のインタビューでしょうか。

たとえば熾烈なデッドヒートを制し感動のゴールを迎えます。それで競技としては終わりです。もし、そこで終わってしまったらスタンドの観客やテレビ中継を観ている視聴者は拍子抜けして物足りなさを感じたり、あるいは突き放されたような、ちょっとシラケた気持ちになるかもしれません。

でも、ゴールの後、ウイニングランやお立ち台インタビューで、勝利の喜びを共有し余韻にひたれたら大満足というわけなのです。

というわけで、今回のシナリオ錬金術は、**ウイニングラン＆お立ち台の術！**

『晩春』と『浮雲』の〈結〉

実際の例を観てみましょう（今回はクライマックスとラストシーンを紹介しているのでネタバレしまくりです。ご了解の上で読み進めて下さい）。

まずは小津安二郎監督の映画**『晩春』**です。

笠置衆さん演じる主人公が、伝説の女優・原節子さん演じる娘を結婚させようとするが、でも内心は離れがたい気持ちとで葛藤するホームドラマです。

父ひとり娘ひとりの家族という設定で、なかなか結婚に踏み切れない娘に、主人公は自分も再婚するのだと嘘をついて、ついに結婚を承諾させます。結婚式の後、娘の友人に再婚は嘘だと打ち明け「小父様、いいところあるわ！」などと言われ額にキスされたりするのですが、家に帰ると一人きり。椅子にすわって果物ナイフでリンゴの皮をむき始めます。と、寂しさと孤独感が襲ってきてナイフの手を止め、静かに項を垂れます。

ここでストーリーとしては終わっています。しかし、**もうひとつラストシーン**があります。海のシーンです。波が浜辺に打ち寄せては引き、また打ち寄せてという、とても短いワンシーンです。

結は、せっかくのクライマックスの感動が薄れてしまわないよう、グズグズと間延びしないのが鉄則ですが、中でも、この『晩春』の結は短いほうでしょう。

マラソンレース後のウイニングラン&お立ち台インタビューという結のイメージが、とても分かりやすい例だと思います。

これも古い日本映画ですが成瀬巳喜男監督の**『浮雲』**は、へえ、こんな結もあるんだ、というラストシーンです。

「花のいのちはみじかくて苦しきことのみ多かりき」という原作者・林芙美子の言葉が（おそらく原作者自身の書だろうと思うのですが）映し出されるのです。

高峰秀子さん演じる主人公・ゆき子と、森雅之さん演じる富岡とのラブストーリーです。といっても美しいラブストーリーではありません。

2人は戦中、フランス領インドシナで結ばれますが、富岡には日本に妻がいます。今でいう不倫です。しかも離婚するといっていた富岡ですが、終戦後、ゆき子が訪ねると妻とは別れずにいます。ゆき子はその後、アメリカ兵や新興宗教の教祖の愛人になったり、富岡は富岡で、ゆき子と一緒に行った伊香保温泉で、意気投合した店の主人の若妻に手を出したり、その若妻が店の主人に殺されたり、2人ともロクなもんじゃありません。それでも、お互い別れられません。

富岡は、生き方を変えようと屋久島の営林署の仕事につきます。ゆき子は病に冒されていますが、富岡についていきます。ようやく2人は一緒に歩き始めます。

が、ゆき子の病は悪化し、富岡が仕事でゆき子の元を離れている間に死を迎えます。仕事から戻ったら、すでに亡骸となっていたゆき子に富岡は化粧を施します。

フランス領インドシナで初めて出会ったころの生き生きとしたゆき子の回想シーンが入ります。

富岡は初めて涙を流し、号泣し、泣き崩れます。

そしてラストシーンの「花のいのちはみじかくて苦しきことのみ多かりき」です。

残酷なまでにやるせないクライマックスに、**とどめの一撃のラストシーン**といった感じでしょうか。

『となりのトトロ』の途中の〈結〉

さて、20枚シナリオは部分を描くので最後のシーンはラストシーンではないと述べましたが、実は、20枚シナリオでも結のシーンを描くことができます。

というのは、たとえば2時間の映画全体で起承転結になっているだけでなく、その一部分（あるエピソードのかたまり＝シークエンス）をとると起承転結になっているのです。場合によってはひとつのシーンが起承転結になっていることもあります。

なので、ちょっと変な言い方かもしれませんが、**途中の結**を描くことはできるのです。

そんな途中の結の例も挙げておきましょう。アニメ映画『**となりのトトロ**』の、たとえば主人公・サツキがトトロと初めて出会うシーン。夕立が降って、主人公と妹のメイは傘をもってバス停まで父親を迎えに行きます。ところが、いつものバスに父親は乗っていません。次のバスまで待つのですが、あたりはだんだん暗くなり、メイは眠くなってきて、ついにコックリコックリし始めます。仕方なく主人公はメイを背負って待ち続けます。

と、トトロが現われ、すぐ横に、まるで一緒にバスを待つかのように立ちます。頭に葉っぱを乗せています。主人公は父親の傘を貸します。

トトロは傘に雨の滴が落ちてくる音に心躍らせます。そして、ジャンプ。木の葉から雨の滴が一斉に落ちます。興奮したトトロが吠えます。

そこへバスが。普通のバスではありません。猫バスです。メイも目を覚まして主人公と呆然と見ています。トトロは猫バスに乗って去って行きます。

まもなく普通のバスが来て父親が降りてきます。主人公とメイは我に返り「会っちゃった！　トトロに会っちゃった！」などとはしゃぎながら父親に飛びつきます。

主人公とメイのはしゃぎ声に合わせるかのように蛙がグワアと鳴き声を上げて、このシーンは終わります。

この蛙の描写が、いわば途中の結です。

おそらく、主人公が初めてトトロに会い猫バスを見るというインパクトの強いシーンなので、一区切りというか一呼吸おきたかったのではないでしょうか。

「**シーン尻をト書で締める**」という話をすることがあります。シーン尻というのはシーンの最後です。それをセリフではなくト書で終わらせるようにしてみてくださいということです。

時々、シーン尻をト書で締めているとテンポが悪くなりませんかという人がいますが、逆です。

この『となりのトトロ』の蛙の描写でテンポが悪くなっていますか？　むしろ緩急がつくというか、**一種のタメ**のような効果でテンポが良くなるのです。

ワンポイント

「結」はオチではなく余韻

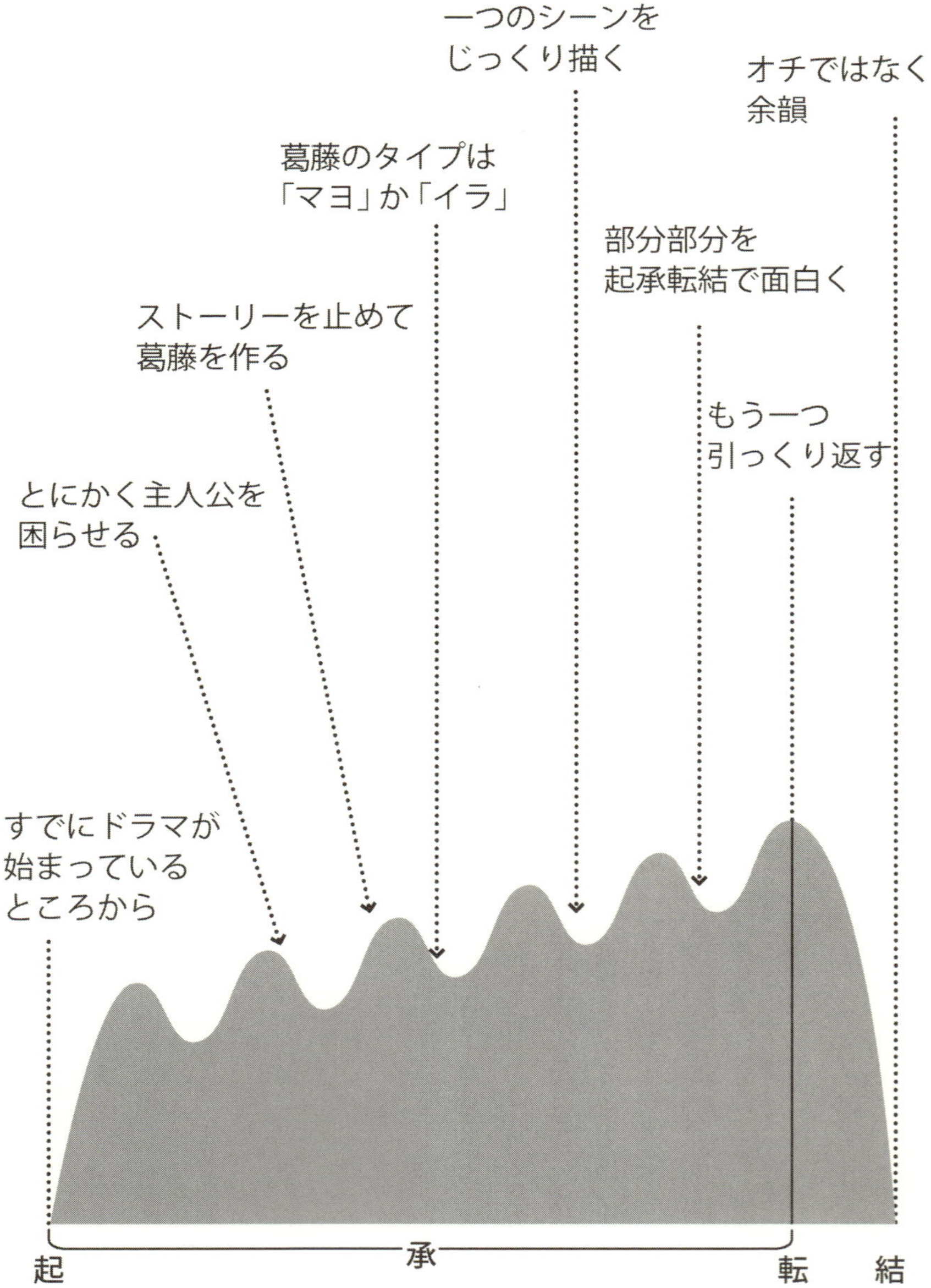

一つのシーンを
じっくり描く
オチではなく
余韻
葛藤のタイプは
「マヨ」か「イラ」
部分部分を
起承転結で面白く
ストーリーを止めて
葛藤を作る
もう一つ
引っくり返す
とにかく主人公を
困らせる
すでにドラマが
始まっている
ところから
起
承
転
結

3

〈シーン〉と〈セリフ〉を磨く講座

〈シーン〉と〈セリフ〉を磨く講座

ピタ！ ポト！ ガシャーン 三段活用の術

感情を映像として描写するための小道具。

あなたは、自分のシナリオの「ダメなところ」を直したら「面白いシナリオ」になると思っていませんか？

よく「私のシナリオのどこが悪いんでしょうか？」とか「もっとダメなところを指摘してください」なんて言われるんですが、その度に、あなたは「ダメなところ」を直したいんですか？ それとも「面白いシナリオ」を書きたいんですか？ と尋ねます。

確かに「ダメなところ」を直せば欠点の少ないシナリオにはなるかもしれません。でも欠点が少ないことが「面白いシナリオ」ではないのです。このへんがミスをなくし減点を減らせば点数が高くなる学校のテストや受験勉強と違うところです。

特にシナリオ・センターの生徒さんは真面目な方が多く、まず「ダメなところ」を直すことに力を使ってしまい、余力がなくなって「面白い」と思わせることにまで手がまわらない方が多いように思います。

じゃあ、どうすればいいの？

簡単です！ とりあえず「ダメなところ」は放っておいてください。で、「面白い」と思わせるものをプラスしてみるのです。

シナリオ錬金術というのは、**これをプラスすれば「面白いシナリオ」になるよ、という術**です。しかも、すぐに使える、使ってみたくなる超簡単お気楽な術ばかり。ぜひ、20枚シナリオ（⇩6頁）で試してみてください。

では、シナリオ錬金術、名付けて、**ピタ！ ポト！ ガシャーン！ 三段活用の術！**

〈一目ぼれする〉をどうやって表わす？

たとえば、主人公が一目ぼれする場面。場所は、中学校の教室。健太郎が座って隣の男子と喋っていると先生が転校生の瑞恵を連れて入ってきます。健太郎は瑞恵を見て一目ぼれ、というような場合（まあ、ありがちなシーンですが、あくまでも例ですので）、あなたなら、どう書きますか？

ト書に〈健太郎、瑞恵に一目ぼれする〉と書いても〈一目ぼれする〉の部分が映像になりません。

「いや、映像になりますよ、ハッとして見つめるんです」ということであれば、ト書には〈健太郎、ハッとして見つめる〉と書くことになります。

セリフのところに、健太郎「……」とか健太郎「！」なんて書く人もいるかもしれません。

では、ちょっと試しに鏡を見ながら〈一目ぼれする〉でも〈ハッとして見つめる〉でもいいので実際に演じてみてください。「……」とか「！」と書くという方も、ちょっと自分で演じてみます。

あ！　今、電車の中や喫茶店などで、これを読んでいる方は、周りの人に不審がられないよう気をつけてくださいね。実際に演じなくていいので、頭の中で、どんな表情になって、などと具体的にイメージしてください。

どうですか？　思っていた以上に演じにくいというか、微妙というか、曖昧というか……。

もちろん映画やドラマなどになってしまえば俳優さんが演じてくれます。演技力のある俳優さんなら私たちがイメージする以上の魅力的な演技で、ああ、一目ぼれしたんだなあ、と表現してくれるかもしれません。

でも、シナリオとして書かれている限りでは〈一目ぼれする〉も〈ハッとして見つめる〉も「……」や「！」も、読んでいる人は今ひとつはっきりとイメージしにくいのです。

感情をダイレクトに伝える三段活用

そこで、いよいよ、ピタ！　ポト！　ガシャーン！　三段活用の術の登場です。

たとえば、健太郎が隣の男子と話をしながら「あぢ〜な〜」とか言って下敷きでパタパタあおいでいる、と入ってきた瑞恵を見て、下敷きの手をピタ！　と止め見つめるのです。

これ、テレビドラマ**『大奥〜華の乱』**でも使っていました。将軍・綱吉が側用人の柳沢吉保の屋敷で能を舞った後、汗をかいたなどと言いながら扇であおいでいます。と、柳沢の側室・染子が酒を注ぎます、その染子を一目見て吉保の扇がピタ！　そして、この女と寝たいと言うのです。

これが、**ピタ！　です。何かの動作を止めるわけ**ですね。鼻歌を歌っていて途中でピタ！　とか、歩いていて立ち止まる、とか、コーヒーを飲みかけてピタ！　とか。

このピタ！　を、**ポト！　にすれば、より感情は大きく**なります。

たとえば、瑞恵を見た瞬間、健太郎が扇いでいた下敷きをポト！　と落とすのです。あるいは、鼻の下と上唇ではさんでいた鉛筆を、ポト！　と落とすとか。

テレビドラマ**『白夜行』**で亮司が初めて雪穂を見るシーンがそうでした。亮司は棒を持って歩いてきます。その棒でガードレールを叩いたりしながら。そして、ドブ川の土手に座り爪を噛んでいる雪穂を見た瞬間、持っていた棒をポト！　と落とすのです。

さらにさらに感情を大きくしようと思ったら、ガシャーン！　です。落としたものが割れるのです。

　たとえば、健太郎が花瓶の水を取り替えに行こうとして、入ってきた瑞恵を見、花瓶を落とすと、ガシャーン！　花瓶が割れて粉々に飛び散る、とか。

　こうなると、衝撃！　って感じです。**『アルジャーノンに花束を』**でも、手術を受け知能が回復したハルが母親の家をたずねた時、ベランダからハルの姿を見た母親が、室内に入れようとしていた鉢植えを落とし、鉢植えが粉々に割れていました。

　このピタ！　ポト！　ガシャーン！　三段活用の術は、さまざまに応用できます。

　たとえば、怒りがこみあげた時に握りこぶしをギュッ！　と固める、さらに、拳がブルブル！　と震える、さらに何か握っていた鉛筆とか箸とかがベキッ！　と折れる、つまりギュッ！　ブルブル！　ベキッ！の三段活用の術になるわけですね。

　握ってたものを投げつけてもいいかもしれません。たとえば携帯電話をギュッ！と握りしめる、ブルブル！　と震える、バシッ！　と投げつける、とか。さらに投げつけたものが壁にブチ当たり砕け散るのもありです。

　あるいは、嬉しい時に傘をクルクル！と廻す、さらにブルンブルン！　と振り回す、さらにさらにポーン！　と放り投げる、とか。

　でも、どうしてピタ！　ポト！　ガシャーン！　三段活用の術を使えば「面白い」と思わせられるの？　と疑問をお持ちの方もいらっしゃるかもしれません。

　それは**人物の感情がダイレクトに伝わってくる**からです。ハッとして見つめる、や「！」より、どんな気持ちなのかが、目に見えるものとして描かれています。なので、どんな気持ちなのかな、と頭で考えなくても目から直に伝わってくるのです。

　感情が伝わってくれば、感情移入します。というか感情が伝わってこなければ感情移入しようがありません。

　この感情移入というのが「面白い」と思わせる大きなポイントのひとつ。

　おっと、間違えちゃいけませんよ。自分（作者）が感情移入するんじゃありませんからね。あくまでも他人を感情移入させて「面白い」と思わせるわけですからね。

　ピタ！　ポト！　ガシャーン！　に限らず、とにかく感情を目に見えるもの（映像）として描写してみてください。1つでも2つでも、3つでも4つでも。シナリオが見違えるようになると思います。できれば1

タコ三郎の初恋

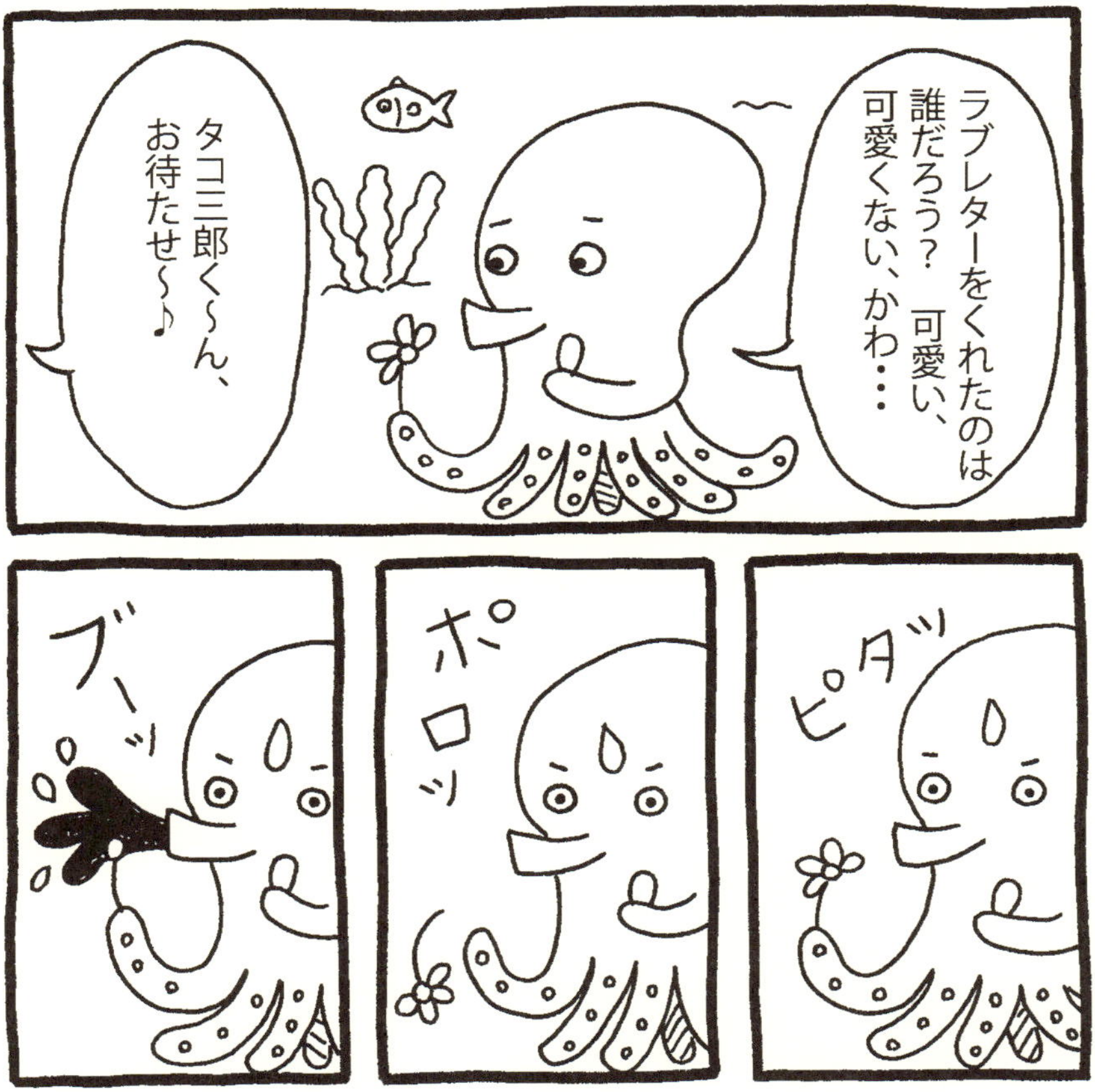

つのシーンに1つ、特に主人公の感情を伝える映像描写を考えて入れてみると、あなたのシナリオがキラキラとゴールドに輝きはじめるはずです！

小道具を使え

じゃあ、実際どうすれば、そんな映像描写が考えつくか？

まず、一番手っ取り早いのが**小道具を考えること**。気づいた方もいらっしゃると思いますが、下敷きや扇、鉛筆、棒、花瓶、鉢植えなどなど小道具を使っていることが多いです。

小道具を考えるためには、その時、人物が何を持っているか、その場に、どんな物があるのかを考えてみましょう。

そのための入り口として、**柱を書いたら誰と誰が何をしているかをト書で書く**ようにします。これは基本です。

柱の後に、いきなりセリフを書いて、添

削された方もいらしゃるでしょう。「いいじゃん、セリフを書けば、そこにいるに決まってるんだから！」とか、「柱を書くたび誰と誰がいて何をしているか、いちいち書くなんて面倒くさいよ！」と思われたかもしれません。

でも、柱の後に誰と誰がいて何をしているか、映像を明確に思い浮かべるからこそ、何を持っているか、その場に何があるかを考えられ、それらが映像描写として使えるかどうか考えることができるようになるのです。

柱を書いたら誰と誰がいて何をしているかをト書で書くという基本は、それをやることで、さらに応用ができるようになりシナリオがうまくなるためのものです。

基本は、基本だから守らなければならないというのではなく、基本を押さえることで応用が広がりうまくなるよというものなのです。ただ、やみくもに基本を守っていればいいというものでもないのです。

ワンポイント

小道具で感情や気持ちを表現する

〈シーン〉と〈セリフ〉を磨く講座

山椒は小粒でもピリリの術

小道具を上手に使いこなすための発想法。

あなたのシナリオに小道具は描かれていますか？　20枚シナリオの課題が『ハンカチ』など小道具のときは、もちろん描いていると思いますが、課題が小道具と関係ない時でも何か1つは小道具を使うよう心がけてみてください。

まず、**どんな小道具を使うか？**

ちょっと身の周りを見回してみましょう。さまざまな小道具が目につくはずです。たとえば今、私の周りでいうと、テレビやビデオのリモコン、セールのチラシ、お菓子を食べた後の包み紙、湯飲み、弱い力で肩が楽々もめるアイデア商品、書類を綴じる穴をあけるパンチ、ハサミ、サングラス、綿棒……数え上げたらキリがありません。

それを、どう使うか？　これまた、さまざまな使い方が考えられると思います。

何を、どう使うかを考えると無限大に広がります。その中には、きっと、自分にしか考えられない個性的な小道具の、今までにない新鮮な使い方があるはずです。

そうなのです。**小道具を使うと個性が出るのです。**なんだか「基本を押さえてください」と言われると、みんながみんな右へならえで同じことをして没個性になってしまうような気がしますが、実はシナリオの基本は逆なのです。

基本を押さえれば個性が発揮しやすくなります。その代表選手が小道具です。

今までにない個性的で新鮮な発想（アイデア）というと、みなさん、すぐ、そういう素材や題材を見つけようとし設定を考えようとします。もちろん素材や題材、設定も大切です。鰻の蒲焼でいえば肝心なのは鰻やタレの味です。

でも、やっぱり蒲焼には山椒がないとね。

というわけで、このシナリオ錬金術は、

山椒は小粒でもピリリの術！

小道具がうまく使われている例

まずはビリー・ワイルダー監督『**アパートの鍵貸します**』を観てみましょう。この映画は、まさに小道具の使い方の宝庫です。風邪をひいた主人公が点鼻薬を使っています。人事部長に呼ばれ、上役たちの浮気用に自分の部屋を貸して出世しようとしていることを指摘されてアタフタするところを、この点鼻薬を使って描写しています。

自分の部屋を貸している人事部長の不倫相手が、実は想いを寄せるエレベーターガールであったことを主人公が知るところで、鏡の割れたコンパクトという小道具を使っています。

その後、傷心の主人公が酒を飲むシーンで、カクテルのオリーブの実をカウンターに並べることで、主人公が何杯飲んだかを伝えています。などなど、本当にたくさんあるのですが、とっておきはテニスラケットの小道具の使い方です。

クリスマスの夜、主人公は想いを寄せるエレベーターガールと自分の部屋で一緒に夕食を作って食べることになります。その時、テニスラケットをざるの代わりに使って茹でたパスタのお湯を切ります。これが、主人公がエレベーターガールと一緒に過ごした唯一の楽しい思い出となります。

映画の後半、恋に破れ会社も辞めることになった主人公はアパートを引っ越そうと荷造りしています。と、テニスラケットが出てきます。ガットにパスタが一本残っています。それを見つめてエレベーターガールとの思い出に浸るのです。

ポイントは、テニスラケットを**本来の用途とは違う使い方**をしていることです。そうすることで、とても個性的な使い方になり、観客にとっても印象的で、主人公がテニスラケットを見つめているだけで、ああ、あの時のことを思い出しているんだなあ、と思わせられます。

映画を、もう一本。内田吐夢監督、鈴木尚之脚本の**『飢餓海峡』**では、親指の爪という小道具が使われていました。

主人公は北海道で強盗殺人を犯し、奪った金を持って青森に逃げてきます。そこで1人の娼婦と出会います。極貧の境遇で育った者同士の2人は、たった一晩ですが心通わせ、娼婦は主人公の爪を切ってやります。主人公の親指は機械に挟まれたため、ひしゃげていて、その爪も独特の形をしています。

娼婦のもとを去る時、主人公は強盗殺人をした金の一部をそっと置いて行きます。大金を授かった娼婦は、主人公を恩人と思い、娼婦が切った主人公の親指の爪を大事に持ち続けます。娼婦が、主人公の爪を出してきて手を合わせると、ああ、主人公のことを思い出しているんだな、と伝わってきます。

さらに、この爪が、主人公が強盗殺人犯であったことの決定的な証拠になるのです。

この爪の小道具のポイントは、切った爪という普通なら捨ててしまうものを大事に取ってあるとしたことで個性的な小道具になっています。

この『飢餓海峡』は水上勉の小説が原作で、原作では爪ではなく安全剃刀だったそうです。でも、安全剃刀ではありきたりだというので、もっと、いい小道具はないかと考えたのだそうです。

テレビドラマ**『ロング・バケーション』**の第一話ではガチャガチャに入っていたスーパーボールという、やはり普通では捨ててしまうような小道具が使われていました。

山口智子さん演じるヒロインは、結婚式当日に婚約者に逃げられ、住むところもなくなったことから、婚約者がルームシェアしていた木村拓哉さん演じる男の部屋に転がり込みます。

引越しをしていたらデスクの引き出しからスーパーボールが出てくるのです。それはガチャガチャが好きだった婚約者の残していったものです。

キムタクが、そのスーパーボールを3階の窓の下の道路で弾ませたら、ここまで戻ってくると言い、やってみせます。スーパーボールは見事に戻ってきてヒロインは大はしゃぎ。自分でもやってみるとスーパーボールを投げます。と、スーパーボールは変な方向へ弾んで、どこかへ行ってしまいます。すぐにキムタクが探しに行こうとしますが、ヒロインは止めます。もう、いいんだ、と……。

ところが、翌朝早く、ヒロインはひとりでスーパーボールを探し、見つけます。そして、そっと隠し持っています。

ヒロインとキムタクが喧嘩になり、ヒロインが部屋を出て行きます。その時、キムタクはソファに転がっているスーパーボールを見つけ、その日がヒロインの誕生日だったことを思い出し、いなくなった婚約者からの電話を待っているヒロインの気持ちを知るのです。

スーパーボールという小道具で、ヒロインの婚約者を忘れようとする気持ちと忘れられない気持ちで**揺れ動く葛藤**が表現されています。

回想シーンを安易に使わない

さて、今回の錬金術で例として取り上げた『アパートの鍵貸します』のテニスラケット、『飢餓海峡』の爪、『ロング・バケーション』のスーパーボールという小道具は、どれも、その小道具を見つめることで過去のことを思い出していることを表現しています。つまり、過去のことを思い出すところで、回想シーンを使わず小道具を使っているのです。

時々「回想シーンを使ってはいけないいんですよね?」と言われることがあります。いやいや、そんなことはありません。別に回想シーンを使ってはいけないという規則があるわけではないし、回想シーンを見事に使っている名作だって数多くあります。

ただ、回想シーンを安易に使わないで、たとえば今回紹介したように小道具を使って表現できないか、考えてみてください。

そうすれば回想シーンを使うより、はるかにシナリオの技術が磨かれうまくなりますし、どんな小道具を、どう使うかによって個性的で新鮮な「面白い」と言われるシナリオにもなります。

回想シーンというのは、基本的には過去にどういうことがあったかを説明するシーンです。

それを伝えるのに回想シーンですませてしまったら、それで終わりです。シナリオがうまくもなりませんし、「面白い」と言われるようにもなりません。

小道具だけではありません。たとえば回想シーンを使わずに、過去のことをセリフで伝えられないか考えてみてください。

よく「説明セリフを書きたくないから回想シーンを使いました」という人がいますが、本末転倒です。

過去のことをセリフで伝えようとして説明セリフになるのは当たり前です。

それを、どうすれば説明セリフにならないか、誰が誰に、どういう状況で、どんな話し方をすれば感情のあるセリフや情緒のあるセリフにできるか考えるとセリフがうまくなるのです。

回想シーンを使ってはいけないのではなく、あえて**回想シーンを使わず小道具やセリフなどで伝えられないか、あれこれ考える**ことでシナリオがうまくなりゴールドに輝き始めるのです。

ワンポイント
過去は小道具で表現できる

鼻から西瓜を出すの術

ありえないこと、実際にはない小道具で印象的に！

女性はご存じの方が多いかもしれませんが、鼻から西瓜を出すって何のこと？　と思われた方もいらっしゃるでしょう。男性で知っているのは少数派かもしれません。出産のとき、どれぐらい痛いのかを表現した例えです。

まあ、実際に鼻から西瓜を出したことがある人はいないでしょうけど、それぐらい、ありえない痛みだということだそうです。なんてインパクトのある例えでしょう。

さらに鼻から西瓜が出てくる映像を想像してみてください。ちょっと**衝（笑？）撃的**ですよね。思わず目を奪われ釘づけになります。

ありえないことや実際には起こりえないことが映像になると、とてもインパクトがあり、観る人が引きつけられます。

それも実写であれば、文章で描写したりマンガやアニメで描かれている以上にインパクト倍増です。ありえないことや実際には起こりえないシーンを描いてみてください。

ということで、今回のシナリオ錬金術は、

鼻から西瓜を出すの術！

ありえないことを1シーンだけ

1シーンでいいのです。

というより、ありえないことや実際には起こりえないことが続いたり、度々出てくると、インパクトは薄れ、むしろ逆効果。

なので、たとえば20枚シナリオ（⇩6頁）で1シーンだけ、ありえないことや実際には起こりえないシーンを考えて入れてみましょう。

たぶん、まったく印象が変わってくるはずです。

ありえないことや実際には起こりえないことを発想することが苦手という方も、1シーンなら何とか思い浮かべることができるのではないでしょうか。

また、ありえないことや実際には起こりえないことを描いてはいけない、そんなことを描くとリアリティがなくなると思っている方がいます。

映像の特性の一つとして特撮というのがありましたよね。

特撮には、たとえば映画『**ピンポン**』のボールの動きや『**武士の一分**』の蛍のように実際にあることで思いどおりに撮影することが困難な場合に、CGを使うというケースもありますが、一般的には、ありえないことや実際には起こりえないことを、あたかもあるかのように、実際に起こっているかのように映像にする場合に、使われることが多いと思います。

ありえないことや実際には起こりえないことを、あたかもありそうに実際に起こっているかのように描くのは**映像の特性のひとつ**ともいえるのです。

ラブストーリーやホームドラマでも

この特撮という特性は、いわゆる特撮ものという言葉があるように、かつては限られたジャンルのものでしたが、以前に比べCGが使われやすくなって、より一般的な特性になりつつあります。

ありえないことや実際には起こりえないシーンを描くのはSFやファンタジーだけだと思っていませんか?

そんなことはありません。

たとえば映画『**ジョゼと虎と魚たち**』は、妻夫木聡さん演じる大学生・恒夫と池脇千鶴さん演じる足が不自由で歩けない女性・ジョゼのラブストーリーです。

それも足の不自由な女性の生活感を、どちらかといえばリアルなタッチで描き出しています。

終盤、法事で帰省する恒夫は、ジョゼを一緒に連れて帰って家族に紹介しようとしますが、途中で気持ちが挫けてきます。ラブホテルに泊まることになり、横で眠る恒夫にジョゼが静かに語りかけます。

そのとき、ラブホテルの部屋が、まるで深海であるかのようにジョゼの周りを魚が泳ぎます。

幻想的で思わず引きつけられるシーンです。そして、初めてジョゼの心象風景に触れ、その胸の内の奥深いところを見せられたようでドキッとします。

たとえば映画『**空中庭園**』は、小泉今日子さん演じる主人公と家族のありようを描いたホームドラマです。

主人公の家族には隠しごとはしないというルールがありますが、実際には、それぞれ隠しごとがあり、夫の不倫相手が息子の家庭教師として家に入ってきたことから、主人公がこだわる理想の家族像と現実のギャップが露わになり、主人公の感情が軋みはじめ……。

クライマックス、叩きつけるように真っ赤な（血の?）雨が降り、その赤い雨を浴びてズブ濡れになりながら主人公は絶叫します。

小泉今日子さんの熱演もあって迫力あるシーンに圧倒されます。

余談ですが、この映画は作為的なカメラ

ワークなど全体に異質なタッチで描かれていますが、それとは対照的な主人公の夫（板尾創路さん、抜群です！）のコミカルな右往左往ぶりが印象的です。

『スキヤキ・ウエスタン・ジャンゴ』の作り物の世界

もう一つ映画『ジャンゴ』を観てみましょう。

これはもう最初から最後まで作り物の世界という感じでフィクション性が高い映画になっています。

まず、舞台設定が「根畑」＝ネバダというアメリカ西部っぽい町が舞台で、拳銃バンバン撃ちまくりですが、風景は江戸時代の宿場町、ストーリー設定も黒澤明監督の『用心棒』の世界です。人物設定も壇ノ浦の戦いから数百年後、すっかり落ちぶれてギャングになり果てた源氏と平家、白の源氏ギャングのリーダー源義経と赤の平家リーダーの平清盛といった感じ。

ところが、キャストはクエンティン・タランティーノ以外は全員日本人なのにセリフはすべて英語です（セリフを覚え演技しなければならない俳優さんは、かなり大変だったのではないかと思います）。

ちなみに題名の『ジャンゴ』はイタリア映画『続・荒野の用心棒』の原題および主人公の名前で、マカロニ・ウェスタンの代名詞でもあるそうです。

クライマックスの伊勢谷友介さん演じる義経と伊藤英明さん演じる流れ者のガンマンとの対決シーンで、いきなり雪が降っていて、あたり一面、雪景色になっています。

設定としては、とある寒村となっているようで、そう言われてみれば、いきなり雪が降ってもおかしくはないのでしょうが、それまで何の前触れもなく、どこか灼熱の西部のイメージなので衝撃的です。

このように、シーンそのものが、ありえないことや実際には起こりえないシーンを描いてなくても、あるシーンの背景や状況が、ありえなかったり実際には起こりえないように描いているだけでもインパクトがあります。

ありえないことや実際には起こりえないシーンを発想するのが苦手な人には、ちょっと参考になるのではないでしょうか。

実際にはない小道具

実際にはない小道具というのもあります。ちょっと古いテレビドラマ時代劇になりますが『木枯らし紋次郎』の楊枝がそうです。

主人公の紋次郎は、原作では長さ五寸、約十五センチ、ドラマでは約二十センチほどの長さの楊枝を咥えているのですが、もちろん、そんな楊枝は実際にはありません（この長さでは楊枝ではなく竹串ですよね）。

その楊枝をピュッと吹き飛ばして武器にしています。

このドラマを観ていた世代の人は、それ

こそ竹串をくわえたりして一度は真似したはずです。もちろん、口にくわえた竹串をピュッと拭いても、ドラマのようには飛んでいかず、ほとんど真下に落ちてしまうのですが……。

このドラマは、それまでのテレビドラマ時代劇の正義の味方の主人公が悪人をバッタバッタと斬り倒すというものではなく、リアリティにこだわり、たとえば刀なども武士が使う緩やかな曲線を描いたものではなく真っ直ぐに近いもので、それを華麗に斬りつけるというよりは、真っ直ぐ突き刺したり棍棒のように叩きつけたりするというものになっていました。

その中で、この長～い楊枝は、ちょっと実際にはない小道具であり、実際にはありえない使われ方をしているのです。

この実際にはない小道具を考えるというのも、ありえないことや実際には起こりえないシーンを発想するのが苦手な人に参考になるのではないでしょうか。

お婿は何ハーフ？

すごく背が高くてね、パパも絶対、好きになると思うわ
わかった わかった
入って もらいなさい
ニャー
珍しいでしょ ネコとネズミのハーフなんだって♪
帰って もらいなさい

ワンポイント
「ありえないこと」は背景や状況・小道具の工夫で

〈シーン〉と〈セリフ〉を磨く講座

ボーッでもスーッの術

ボーッと聞いていても映像が浮かぶシーンを描くには。

シナリオ脳を鍛える

人が書いたシナリオを朗読してもらったりして聞いていると、本当に、いろんなことに気づかされます。人のシナリオを聞いていると、自分が書いている時には気づかなかったことが見えたりします。それは作り手の立場ではなく、受け手の立場になることで見えてくるものがあるからです。

ですから、人のシナリオを聞く時には、作り手ではなく受け手になることが大切です。一般の観客や視聴者になって、**なるべく考えずにボーッと聞いてください。**

そして感想を述べる場合は、解説や批評にならないよう気をつけてください。解説や批評をしようとすると考えて聞いてしまいます。つまり、それでは一般の観客や視聴者の立場になっていないわけです。

人のシナリオの解説や批評をしていると、何だかとても勉強しているような気になるのですが、受け手の立場になるからこそ見えてくるものは学べません。

ましてや人のシナリオを、やれ、ここが良くないだの、あそこがダメだのコテンパンに批評して、いっぱしの〝作家〟気取りになることなど論外です。そんなことをしても自分が書けるようにはなりません。それどころか、人のシナリオを解説や批評していると、自分が書けなくなってしまうので注意してください。

孫引きになりますが、中園健司さんの『脚本家～ドラマを書くという仕事』（西日本新聞新書）にも、橋本忍さんの「創造力を批判力が上回ると物凄いブレーキがかかって書けなくなる」という言葉が紹介されています。

あの（『羅生門』がデビュー作！『私は貝になりたい』や『切腹』などなど幾多の名作を生み出している）橋本忍さんでさえ、そうなのです。私たちなんて、ほんのちょっとの批判力でも書けなくなりかねません。

ボーッと聞いていると、何にも学べないような気がするかもしれませんが、逆です。

実に、いろいろなことに気づかされます。

　たとえば、セリフひとつにしても、聞いている時はボーッとしているので何げなく聞き流していただけなのに、後になって思い出されるセリフがあったりします。リアルタイムにドキッ！としたり、「ア〜！あるある」と妙に共感するセリフがあったり、聞いている時は「いいセリフだな〜」と思ったはずなのに、後になると思い出せなかったということも。

　あるいは、たとえばボーッと聞いているだけなのにスーッと伝わってきて入り込んでいけるところがあったかと思うと、何だかモヤモヤと伝わってこなくて入っていけないところがあったり、さっきまで入っていけてたのに、だんだん気持ちが離れていくところがあったり、とか。

　この違いって一体何なの？　と後から考えるだけでも、ものすごく**シナリオ脳が鍛えられる**と思います。たぶん、人のシナリオを解説したり批評したりする何百倍も。

　というわけで今回は、名づけて、**ボーッでもスーッの術！**

映像が浮かばなくなると伝わらない

　ボーッと聞いていてスーッと伝わってくるには、セリフやナレーションで説明するのが一番分かりやすくて伝わりやすいように思われるかもしれません。

　これが実際には違うんですねえ。

　確かに書かれたシナリオを読んだり、考えながら聞いたりしていると、セリフやナレーションの説明は分かりやすいかもしれません。ところがボーッと聞いていると、ただセリフやナレーションの説明が続いているところは、だんだん心ここにあらずになって、やがて右から左に受け流しているだけになってしまうのです。そして、しばしば睡魔に襲われ……。

　こうなってしまうのは、セリフそのものに魅力があるかないかということもあるのですが、ひとつの原因として、**映像が浮かばなくなる**、というのがあります。

　この、ボーッと聞いていても映像が浮かんでくるかこないかというのは、とても分かりやすいので、ぜひ実験してみてください。

　ボーッと聞いていても映像が浮かんでくる時は、すごく面白い！というわけではなくても、あまり退屈はしていないはずです。逆に、聞いていて退屈だったり、さらに睡魔に襲われるような時は、映像が浮かんできていないと思います。

　つまり、ボーッでもスーッのひとつのコツは、ボーッと聞いていてもスーッと映像が浮かんでくるように書くことです。

　まず、注意してもらいたいのはセリフのやりとりです。

　セリフのやりとりを書いている時は、どうしてもセリフのことばかり考えていて映像を忘れがちになります。たとえば、圭子と恵美がケーキを食べながら話している、という卜書きだけで終わってしまうのです。あとは延々セリフのやりとり。それでは映像は浮かんできませんし、最初は向かい合っている圭子と恵美の映像が浮かんでいても、そのあと全然動かないので刺激がなく、やがて映像は薄れていき何も浮かばなくなります。

そこで、たとえば圭子がセクハラ上司の悪口を言いながら食べかけのケーキをフォークでグサッ！グサッ！　と刺していたらどうでしょう？　**少し映像が浮かんできます。**

さらに、たとえば、自分の部屋で美奈子が電話で謝っている。セリフは「ごめんなさい……ごめんなさい……」なんだけども、マニキュアかなんか塗りながら電話してたら、謝る気持ちなんか全然ないのに口先だけで謝っている感じが**伝わってきます。**

電話のシーンを書いてみる

この電話でセリフのやりとりをするシーンというのが、最も映像がおろそかになりやすく、そのためにボーッと聞いていると退屈にするシーンになりがちなのです。

逆に、電話のシーンで映像が浮かぶように書けるようになったら、セリフのやりとりのシーンも、お茶の子さいさいです。

電話のシーンの例として向田邦子さんが脚本を書かれた**『阿修羅のごとく』**の冒頭のシーンを上げたいと思います。

『阿修羅のごとく』は、四人姉妹の三女（いしだあゆみ）が主人公である次女（八千草薫）に電話をかけてくるシーンで始まります。

冬の朝。三女は開館前の誰もいない図書館の公衆電話からかけています。一方、次女はサラリーマンの夫と子ども2人が出勤や登校前の朝食を慌しくとっている真っ最中です。

この2人の対比や、次女が「ちょっと待って」とバタバタしているうちに電話を忘れて朝食を食べようとするところなど滑稽で引き込まれます。

さて、三女は、今夜、次女の家に四人姉妹で集まっていいかといいます、話があるのだと、何の話かと尋ねられて、それは集まったときに話すと答えます。そのやりとりをしながら公衆電話の脇の曇ったガラス窓に「父」という字を何度も書きます。何度も書くので「父」という字が、だんだん太くなります。

別に電話のやりとりだけあればストーリーとしては十分です。でも、電話をしながら「父」という字を何度も書くという映像（卜書き）によって、とても印象的なシーンになり、視聴者がボーッと見ていても「ああ、お父さんに何かあるのだな。何があるんだろう？」と自然に疑問をわかせて引き込んでいます。

もうひとつ、電話のシーンで印象的だったのが『**僕の生きる道**』で主人公が母親に、自分がガンに侵され余命いくばくもないことを打ち明けるシーンです。

　主人公が電話をかけ、実は……と切り出します。すると母親が映って、え！　と驚くところがあるだけです。特にセリフのやりとりがあるわけではありません。ただ、母親の脇にヤカンがありシュ〜ッ！と湯気を噴き出しています。

　母親の衝撃が、ボーッと見ている人にもスーッと伝わってきます。

　このような電話のシーンが書けるようになるためには、**柱を書いたらト書きに、誰と誰がいて何をしているかを書くこと**です。

　特に電話のシーンはひとりのことが多いので「ト書きに書かなくたって分かるじゃん」とか、電話のやりとりの時に「いちいちト書きを書くのは面倒くさい」とか思いがちです。

　でも、そうやってト書きを書かないでいると、一生、ボーッでもスーッのシーンは書けません。

　柱を書いたらト書きに誰と誰が何をしているか書く。そういう規則だから書くのではありません。そうすることで、より映像を意識するようになり、ボーッでもスーッのシナリオが書けるようになるからです。

ワンポイント
ト書に誰がいて何をしているかを書いて映像表現を

〈シーン〉と〈セリフ〉を磨く講座

カレーにチョコレートの術

音の描写をプラスすると映像が浮かびやすくなる！


　ダメなところ良くないところを、いくら直しても面白いシナリオにはならないというのが、この『シナリオ錬金術』の基本的な考え方です。ダメなところ良くないところを直すのではなく、美味しいところ（＝面白いところ思わせる要素）をプラスしていくという考え方をします。

　今回は、このプラスするという考え方の代表選手です。

何をプラスするかというと、音。

音といっても音楽ではありません。もちろん映像の音には音楽（BGM）も含まれますが、シナリオでは、ここに音楽を入れてほしいとか、こんな音楽を流してほしいとか、曲名の指定などは基本的に書きません。

音楽ではなく、たとえばシーンと静まり返っていることを表わすために時計の秒針の音がコチコチと聞こえてくるというような、その場で実際に聞こえている音を描写するのです。

カレーを作る時に、ほんの少しチョコレートを加えるとコクが増すのを知っていますか？

音の描写も、ちょこっとプラスするだけで、あなたのシナリオが、ひと味もふた味も美味しくなります。

題して、シナリオ錬金術、**カレーにチョコレートの術！**

心情とリンクした音の使い方

音の使い方の例として、まず映画**『ローマの休日』**を観てみたいと思います。

主人公がローマでの宿泊先を抜け出すシーン。アン王女は護衛たちの目をくぐり抜け、配達にきた酒屋のトラックの荷台に忍び込みます。配達を終えた運転手が戻ってきてトラックは発車、門をくぐり抜け宿泊先脱出に成功します。トラックの荷台からアン王女は離れていく門の扉が閉まるのを見ています。

その時、トラックがスピードを上げたのか、荷台に積んだガラス瓶が揺れて互いに触れ合いシャラン、シャランと音を立て始めます。まるで、アン王女の脱出成功を祝福するかのように……。

こんな使い方もありました。グレゴリー・ペック演じる新聞記者は、出社して初めて、昨晩拾って自分の部屋に泊めた女の子が実はアン王女だったことに気づきます。彼女と行動をともにし記事にできれば大スクープです。慌てて、まだ彼女が自分の部屋にいるかどうか、管理人のじいさんに電話をかけ確かめてもらいます。その間、オフィスのタイプを打つ音がカタカタとひっきりなしに聞こえてきて、新聞記者の**焦る気持ちをかき立てます**。

井上由美子さんがシナリオを書かれていた2時間ドラマ**『弁護士・迫まり子の遺言作成ファイル』**シリーズの第4作**『再会』**には、音を使っていて忘れられないシーンがあります。

主人公が遺言を作成することになった依頼者は、殺人を犯し無期懲役の刑を受け14年間刑務所にいて仮釈放された男です。男には服役中に離婚した妻と娘がいます。娘は結婚を間近に控えています。

ある時、主人公は、依頼者が14年前に殺人を犯した現場で、依頼者の娘の婚約者が思いつめた表情で佇んでいるのを目撃します。

　そこは線路沿いの道で、電車が近づいてくる轟音がゴーッと不気味に迫ってきます。いかにも、これから何か起こりそうだぞと予感させ、一体何が起きるんだろうと引きつけてやまないシーンです。

　実は、この後、婚約者は殺人事件の被害者の息子で復讐のために依頼者の娘に近づいたことが明らかになっていきます。

　と同時に、婚約者は娘を本当に愛し始めていたのです。父親を殺した男と、その妻や娘を苦しめるはずだったのに自分が苦しんでいる……クライマックスで告白される、そんな心情ともリンクしています。

　映画『**ラブソングができるまで**』では、ちょっと**コミカルな音の使い方**をしています。

　初めて結ばれた翌朝、2人はグランドピアノの下で寝ています。電話がかかってきてヒュー・グラントが目を覚ましますが、ピアノにゴツンと頭をぶつけて声を上げます。ベランダに出て電話の相手（マネージャー）と話していると、部屋からゴツンと頭をぶつける音とドリュー・バリモアが声を上げるのが聞こえてきて「彼女が起きた」と言います。

　携帯電話の着信音で印象的なのは連続ドラマで映画化もされた『**アンフェア**』です。

　主人公の携帯電話の無機質な着信音が鳴るたびに、緊張感が高まり、姿が見えない犯人の不気味さが募っていきます。

　そして、おそらく、その着信音は、着メロとか着うたとかではなく、あらかじめ携帯電話に初期設定されている着信音でしょう。寝る時は素っ裸、部屋は散らかし放題で捜査以外の身の回りのことに無頓着な主人公のキャラクターも出ています。

　ちなみに『**ごくせん**』の主人公の着メロは北島三郎の『兄弟仁義』、『**マイ☆ボス マイ☆ヒーロー**』の主人公の着メロは『仁義なき戦い』でした。なんとなく、分かる分かるという気がしませんか？

　携帯が鳴る、とだけ書いても全然構いませんが、**どんな着信音なのか**、ひと工夫して描いてみると、その人物の**キャラクターが伝わることも**あります。

音が入るとイメージしやすくなる

　さて、今回は、まず例を挙げてみましたが、今までのシナリオ錬金術より映像が浮かびやすかったのではないかと思います。

　実は、**音を感じさせると映像が浮かびやすくなる**のです。

　たとえば友達と海の話をしていたら、何だか波の音が聞こえたような気がしたという経験があると思います。

　幻聴とまではいかなくても、空耳のような実際にはない声や物音を聞いたように思うことは誰しもあると思いますが、幻覚が見えたということはなかなかありません。

　それだけ音のほうがイメージしやすく映像のほうがイメージしにくいのだと思いま

す。

なので音の描写をプラスするとイメージがしやすくなり、音に引っ張られて映像も浮かびやすくなるのでしょう。

音の描写をプラスすることで映像が浮かびやすいシナリオにしてみましょう。

特にコンクール。それも冒頭、なるべく早い段階で音の描写を入れ、映像をイメージさせやすくすることをお勧めします。

とはいえ、音の描写をプラスすることは簡単ではないかもしれません。20枚シナリオ（⇩6頁）を書いていても映像をイメージすることで精一杯で、なかなか音までイメージする余裕がないという方も多いと思います。

オーディオドラマを学ぼう

とっておきの方法があります。**オーディオドラマを学んでみましょう。**

ラジオドラマに代表されるオーディオドラマは音とセリフだけで表現します。なので、音のイメージ力が高まり音による表現力が豊かになります。

たとえばオーディオドラマ講座を受けると、オーディオドラマを書けるようになるばかりでなく、映像のシナリオでも音をイメージし音の描写をプラスすることができるようになるのです。

ほかにもオーディオドラマを学ぶと映像のシナリオにもプラスになることがあります。セリフによる人物の描き分けがうまくなります。

オーディオドラマでは姿形が見えないので、声とセリフだけでキャラクターを出し人物を描き分けるのです。

でも本当は映像のシナリオだって登場人物が5人いたら、5人それぞれ、どんな喋り方で、どんなことを言うか、みんな違うはずなのです。

登場人物それぞれのセリフが書けるようになると、シナリオが見違えるように生き生きとしてきます。

ワンポイント

映像が浮かびにくかったら音を考えてみる

〈シーン〉と〈セリフ〉を磨く講座

各駅停車ぶらり途中下車の術

回想やナレーションや×××をできるだけ使わずに。

回想やナレーションや×××（時間経過の記号表現）、どうしてますか？

使ってはいけないと言われているので使いません、という人もいるでしょう。使ってはいけないと言われているけど、でも使っている人もいるでしょう。

だいたい、どうして使っちゃいけないの？と思っている人も多いのではないでしょうか。

使ってはいけないと言われているから使わないという方も、どうして使わないほうがいいんだと思いますか？　学校の規則を守るように、ただ、そう言われているから守っているだけですか？

実は、回想もナレーションも×××も使ってはいけないわけではありません。いいんですよ、別に使っても。

な〜んだ、いいのか、だったら遠慮なくバンバン使っちゃおうと思った方、ちょっと待って下さい。

回想もナレーションも×××も使わないことでシナリオがうまくなるとしたら、どうですか？

そうなのです、別に使ってもいいけど、**回想やナレーションや×××を使わないことで「面白い」と思わせる**シナリオが書けるようになるのです。だからこそ使わないでくださいと言っているのです。

今回は×××を使わないことで、こんなにもシナリオが違ってくるよ、というのを見ていきます。シナリオ錬金術、**各駅停車ぶらり途中下車の術！**

カットバック法を使おう

岡田恵和さんがシナリオを書かれた『**天気予報の恋人**』という連続ドラマの第1話に、こんなシーンがあります。

佐藤浩市さん演じる気象予報士の男と、深津恵里さん演じるFMラジオ局の覆面DJと、稲森いずみさん演じるシングルマザーが初めて出会います。

場所はフレンチレストラン。

3人はメニューを見ながら会話を交わしていますが、実は、深津さんがDJであることがバレないように稲森さんがＤＪのふりをしています。

稲森さん演じるシングルマザーは、いつもは昼はウエイトレス、夜はホステスで働きづめ、休みは子育てに追われています。

でも、今日はＤＪになりきって、子育てからも解放され、ちょっとリッチなランチを楽しんでいます。気分も、ちょっとハイテンション。

ここで時間経過があります。

次のシーンは同じレストラン。３人は、すでに運ばれてきた食事を食べながら会話を交わしています。

雨が降ってきて、佐藤さん演じる気象予報士が「この雨は、すぐに止みますよ」といって、子どものころ同じような雨の日に父親が遊園地に連れていってくれた思い出を話します。

と、稲森さんが、遊園地へ行こう！　となるのですが、このレストランのメニューを見ているシーンと食事を食べながらのシーンの時間経過がポイントです。

×××でも構いません。決して間違いというわけではありません。

×××は使ってはいけないから、１行空けて柱を書いて……うーん、いや、それも、もちろん間違いではないんですけどね。

岡田恵和さんは、稲森さん演じるシングルマザーのアパートの部屋のシーンを挟んでいます（これがカットバック）。そして、そこではＦＭラジオ局の若いアルバイトが子守をしています。ひえ〜大変だ、とヘロヘロになりながら。

そうです、**時間経過を表現するためにカットバック法を使っている**のです。

しかも、このアパートの部屋のシーンを挟むことで稲森さんの日常から解放されてハイな気分が、より強調されて伝わってきます。

なので視聴者は、遊園地へ行こう！　という気持ちに、より感情移入するのです。

このように×××を使わずカットバック法を使うことで、どんなシーンを挟めば、より効果的か、いろいろ考えることができます。

×××を使ってしまえば、それで済んでしまいます。何も考える必要はありません。スッと前に進むことができます。急行電車が駅を通過するように。

でも駅を**通過せず止まる**ようにするのです。そのために１行あけて……とするのです。

で、カットバック法で、**どんなシーンを挟もうかなあ、と考える**のです。

その駅で途中下車して、こんなシーンも挟めるな、あんなシーンも挟めるな、もっと他にもないかな、と道草を食ってみましょう。

最初は、いいシーンが浮かばないかもしれません。でも、そのうち２つ浮かび、４つ浮かび、８つ浮かび、16浮かび……と倍々ゲームで浮かぶようになっていきます。

シーンは掛け算で

もうひとつ連続ドラマ『**ビューティフルライフ**』の例を見てみましょう。

第9話、常盤貴子さん演じる車椅子の女性が、キムタク演じる美容師の部屋で待っています。するとキムタクが帰ってきて、シチューを作ったから一緒に食べようとなります。

ここで時間経過。

次は2人で洗ったお皿を拭きながら、その日、キムタクの後輩が店の顧客リストを盗み出そうとした話をします。

また時間経過。

2人はテーブルに座って、キムタクが、どんな美容師になりたいかという話をします。その話の中で「ここに君がいて」とキムタクは言います。常盤さんは「あなたの未来に私はいるの?」と訊ねます。キムタクは「いるよ、当たり前だろ」と。

まあ、ざっくり言うと、これからも2人ずっと一緒にいようね、みたいな甘〜いシーンなわけですね。

この時間経過のところ、×××でもいいんです。

でも、カットバック法を使っています。

しかも、常盤さん演じる車椅子の女性の兄(渡部篤郎さんが演じました)が、常盤さんの主治医に呼ばれ、病院で待たされ不安が募り、ついに主治医から先日の検査の結果、常盤さんの病気が悪化しはじめ死に向かい始めた、と宣告される流れと交互に組み合わせているのです。

最も甘いシーンと最もシビアなシーンを交互にカットバックで出して組み合わせているのです。

なので視聴者は否応なく「いや〜ん!どうなっちゃうの〜?」と引き込まれます。

このように×××を使わないでカットバックを使うと、**どういうシーンと、どういうシーンを組み合わせるか(=モンタージュ)をイメージする力**がつきます。

「シーンは足し算ではなく掛け算で書く」などと言ったりもしますが、これもシーンの組み合わせで伝えていくということです。

『たそがれ清兵衛』のクライマックス

時間経過ではないのですが、**シーンの組み合わせの例**としてぜひとも山田洋次監督の『**たそがれ清兵衛**』のクライマックスを観てください。

主人公は、民家に立てこもった武士を討たなければならなくなります。

主人公も立てこもった武士も、互いに恨みがあるわけではありません。ただ藩の命令によって戦わなくてはならないのです。

しかも、2人とも身分が低く貧しい下級武士で境遇も似ています。

そんな2人が、雨戸を締め切った暗く狭い民家の中で血みどろの無残な斬り合いになります。

腹ペコオオカミ

途中、主人公は一度、雨戸に体当たりし外に転げ出ます。

その時、外の風景が映し出されます。穏やかに晴れ渡り、草花が咲き乱れ、その花から花へと蝶がひらひら飛んでいます。

主人公は、また暗く閉ざされた民家の中へ飛び込み無残な斬り合いが続きます。

この蝶のシーンです。

これがあるので、民家の中の斬り合いの無残さや不条理さが際立ち強調されます。

ちなみに私は映画館で、この蝶のモンタージュを観たとき、黒澤明監督の『**野良犬**』の蝶のシーンを思い出しました。そして『野良犬』を改めて観てみると思った以上に共通点が多いことに気づきました。

おそらく山田監督は、『野良犬』のエッセンスを抽出し、自分の作品に生かしたのではないかと想像します。

先人の名作の技術を盗むには、まず自分がシナリオを書くときに、たとえば×××をやめてカットバックを考えようとすると、うまく考えられたり考えられなかったりして悩みます。すると、一体、他の人たち、とりわけ名作といわれる作品を生み出した人たちは、どうしているのだろう、と自然に意識して観るようになります。

回想やナレーションも同じです。回想を使わないで、ナレーションを使わないで、どうやって表現しているか、意識して観ると今まで気づかなかったことに、たくさん気づくようになるでしょう。

先人の名作から技術を盗むためにも、各駅停車で途中下車してみてはいかがですか。

ワンポイント

時間経過は×××より違うシーンをはさみ込む

ホルモン焼きでパワーアップの術

「必要ない」シーンはかえって葛藤（ドラマ）を描きやすい。

ホルモン焼きの語源を知っていますか？　一説によると「捨てるもの」を大阪弁で「ほおる（放る）もん」といい、捨ててしまっていた内蔵肉を焼いて食べたことから、ほおるもん焼き、ホルモン焼き、となったとか。

こんなものいらないや、と捨ててしまっていたものでも、美味しくいただけて、しかも栄養満点、元気モリモリ！

今回のシナリオ錬金術は、**ホルモン焼きでパワーアップの術！**

「無駄」なシーンでも削らない

「このシーンは必要ないでしょうか？　削ったほうがいいですか？」と質問されることがあります。

確かに、そのシーンがなくたって構わない、削ってしまってもシナリオ全体に影響はないと思われるシーンが描かれていることがあります。

そんなシーンを削ってしまっても、もちろん間違いではありません。

でも、あえて私は、そのシーンを削らないでおいてくださいと、お勧めします。

え？　必要ない無駄だと思われるシーンを削らなくていいの？

はい。特に20枚シナリオ（⇩6頁）では。

20枚シナリオは、あくまでもシナリオの一部分にしかすぎません。一部分なのに、それだけで、そのシーンが必要かどうかなんて分かるはずがありません。もしかしたら先の展開によっては必要になるかもしれないのです。必要かどうかなんて1時間とか2時間とかひとつの作品になった時に初めて分かることですから。

なので、たまに人の20枚シナリオの感想を述べて「このシーンは必要ないので削ったほうがいいと思います」という方がいらっしゃいますが、まったく無意味でしょう。

もし、そう言われたら、そのシーンを削ろうと思うのではなく、そのシーンを、もっと面白くできないかな、と考えてください。

だいたいシナリオというのは、必要か必

要じゃないか、ではなくて、面白いか面白くないか、なのです。

たとえ必要なシーンでも面白く描かれていなければしょうがないし、必要ないと思われるシーンでも面白く描かれていればいいのです。

なので必要ないシーンは削らずに残しておきます。そして、そのシーンを面白いシーンにしてやろうと考えてみてください。

しかも実は、一見、必要がないと思われるようなシーンこそ面白いシーンになりやすいのです。

だからこそ、必要ないと思われるシーンを削ってしまわないでください、そのシーンを面白くして、あなたのシナリオをパワーアップさせてください！　というわけなのです。

必要ないシーンだから葛藤が生み出せる

たとえばテレビドラマ『**ロング・バケーション**』の第1話の冒頭。

山口智子さん演じるヒロイン・南が、白無垢姿で街中を走ってきます。飛び込んだのは木村拓哉さん演じるピアニストの青年・瀬名の住む部屋。実は、この部屋を瀬名とルームシェアしていた男が南の婚約者で、その日は結婚式当日だったのに式場に現われず、いてもたってもいられなくなって走ってきたのです。

ところが婚約者は荷物をまとめ姿を消していました。そして、置き手紙が。好きな人ができたから君とは結婚できない、と……。

南は、とぼとぼと去っていきます。

数日後、家に帰ろうとしていた瀬名の前に南が現われます。結婚式場に戻ったら婚約者が来ていた、たまたま新居が近所で、いま犬の散歩をしている途中だと言います。あれ？　うちの犬どこいったかな？　ジョン！　ジョン！　なんて犬の名を呼びながら。

瀬名は、そのまま部屋に帰ってきます。

と呼び鈴が鳴って南が訪ねてきます。ちょっとやりとりがあり、瀬名がドアを閉めようとすると足を間にいれて閉めさせないようにし、無理矢理、部屋の中に入ろうとします。

実は、婚約者が式場に現われたのも、近所に引っ越してきたのも、もちろん犬の散歩も真っ赤なウソで、住むところがなくなり、婚約者が住んでいた部屋が空いているはずだと押しかけてきたのです。

そして、南は強引に瀬名のルームメイトとして暮らし始めるのですが、ポイントは瀬名の前に南が現われ、結婚して近所に引っ越してきて、いま犬の散歩をしているとウソをつくところです。

このシーン、必要ないといえば必要ないのです。

いきなり瀬名が部屋に帰ってきて、呼び鈴が鳴って南が現われ……でも、まったく問題ありませんし、この後の展開にも全然、影響はないんです。

でも、このシーンには南の葛藤（ドラマ）があります。住むとこなくて頼りたい……でも、そんなことカッコ悪くて言い出せない、けど……という。だからこそ、無理矢理な嘘をついたりしてキャラクターも出て面白くなるのです。

このシーンで葛藤（ドラマ）を生み出せているのは、必要ないといえば必要ないシーンだからなのです。

このシーンが必要あるかないかというのは、ほとんどの場合、ストーリーとして必要あるかないかと言っているのです。

つまり、**このシーンはストーリーとしては何の進展もありません**。むしろ停滞しています。

だからこそ葛藤（ドラマ）が生まれるのです。

以前にも書いたことがありますが、葛藤（ドラマ）を生み出すためにはストーリーを進めないこと、あえて止めることがコツです（⇩58頁）。

必要がないと思えるようなシーンでは葛藤（ドラマ）を生み出しやすいわけです。

もっと面白くできないか

かつて向田邦子さんがシナリオを書かれた連続ドラマ『**冬の運動会**』を3時間にリメイクしたスペシャルドラマでは、**印象的な靴の脱ぎ方のシーン**がありました。

岡田准一さん演じる主人公が靴屋に出入りし恋人もいることを知らされた父親（國村隼さん）が会社から帰宅し、玄関で靴を脱ぐシーンが描かれています。

その靴の脱ぎ方が乱暴で、父親が部屋に入っていった後も、ひん曲がって脱ぎ捨てられた靴が映ります。

父親の気持ちが映像でダイレクトに伝わってくるシーンです。

たとえば誰かが帰ってくる、その後のリビングでの家族との口論がある、というシナリオを書いた時、ただ玄関を上がるだけのシーンを書いたとします。

その時「このシーンは必要ない、いきなりリビングで口論させればいい」と考えるのも決して間違いではないかもしれません。

しかし、靴を脱いで玄関を上がるシーンで何かできないかなと考えてみるのです。

むしろ、玄関のシーンを必要ないと削ってしまうと『冬の運動会』の靴のような描写は、たぶん一生、浮かばないかもしれません。

このシーンは必要ないと削ってしまうより、そのシーンを残しておいて、そのシーンで何かできないか、もっと面白くできないか、と考えるほうが、はるかに表現は広がっていくと思います。

ワンポイント

必要か不要かではなく面白いか面白くないかで

〈シーン〉と〈セリフ〉を磨く講座

ご当地ならでは人気駅弁の術

その人ならではのセリフ・口癖を考える。

いいセリフを書きたいと思いませんか？もちろん、別に書きたくないよ、なんて人はいませんよね。

でも、いいセリフを書くのは難しい、と思っていませんか？

あるいは、よく「セリフはセンスだ」という人がいますが、それを鵜呑みにしていませんか？

確かに、最初から、いいセリフが書けてしまうセンスのある人はいます。

でも、そんなセンスのない人だって、実は、やり方次第なんです。

このシナリオ錬金術は、こうしてはいけない、ああしてはいけない、と欠点やダメなところを直していくのではなく、欠点やダメなところは、ちょっと置いといて、それよりも「面白い」と思わせる要素をプラスしていこうというのがポリシーですが、セリフこそ、最も手っ取り早く、ちょっとしたコツで、見違えるようにキラキラとゴールドに輝くようになります。

じゃあ、**そのコツって？**

普通の幕の内弁当なセリフを、ご当地ならではのイカめし弁当セリフや鱒寿司弁当セリフ、だるま弁当セリフや峠の釜めし弁当セリフにするイメージです。

シナリオ錬金術、**ご当地ならでは人気駅弁の術！**

その人物ならではのセリフ

まず、いいセリフって、偉人の名言みたいな立派なことや相田みつをさんのような人生訓を話すことだと誤解している人や、しゃれた言い回しのJ-POPの歌詞のようなものだと勘違いしている人がいます。

そうではないのです。

たとえば、岡田惠和さんがシナリオを書かれた『**ちゅらさん**』というドラマでは、こんなセリフがありました。

主人公の恵里は、沖縄の高校を卒業し上京しますが、運命の人と固く信じる文也君に見事にフラれてしまいます。

沖縄の実家では、父親と母親とオバアが電話を前にして、傷心の恵里から電話がかかってきたら、どう慰めようか思案に暮れています。とてもじゃないけど私には慰められない、お父さん、お願いします、いや、お母さん、頼むよ、と譲り合っていると電話が鳴ります。ほら、お父さん出て！　ダメですよ、お母さん出てよ！　いえいえ、オバア、出てくださいよ！

その時のオバアのセリフです。

「私はだめさぁ、だって男にフラれたことないもん」

普通だったら「そんなの私だってダメですよ」というだけのセリフです。それでは幕の内弁当なセリフです。

いや、幕の内弁当でもいいのです。決して悪いというわけではありません。

ただ、それをオバアならではの、オバアしか喋らないような、オバア限定のセリフにするのです。

もうひとつ岡田惠和さんのドラマ**『夢のカリフォルニア』**第1話の冒頭では、こんなセリフがありました。

主人公の終は、その日の夜に中学の同窓会があるので、朝食を食べながら母親に、夕食はいらないと言います。

と、母親が驚いて、こう言います。

「あら、珍しいわね！　どうした？　女でもできた？　ブス？」

この「ブス？」というセリフが、すごくいいと思いませんか？

「あら、珍しいわね！　どうした？　女でもできた？」までなら普通です。いや、それでも十分に、おとなしくて、あんまりモテなくて、友達と遊びに行くことも少なくて、毎晩、家でご飯食べている主人公のキャラクターや日常が伝わってきます。

でも、さらに、「ブス？」の一言を付け加えるだけで、気取らない母親のキャラクターや何でも本音を言い合える母親と主人公の関係まで伝わってきて、なんだか、ああ、きっと、いい母子なんだなあ、と思わせます。

普通に誰もが言いそうな幕の内弁当なセリフを、そのセリフを言う人物ならではの、その人物しか喋らない、**その人物限定のセリフ**にしているのです。

説明セリフと思わせない

セリフを喋る人物（キャラクター）ならではのセリフだけではありません。

たとえば、こんなのもあります。黒澤明監督の映画**『用心棒』**の終盤のセリフです。

ヤクザに捕まり、死ぬほど殴られた主人公が、やっとの思いで逃げ出してきて、めし屋の親父や棺桶屋に助けられ隠れ家に匿われます。ヤクザに刀を取り上げられたので、めし屋の親父から、いざとなったら、これを使いなと包丁を渡されます。

何日かしてボロボロだった体も何とか回復します。と、めし屋の親父がヤクザに捕まって連れていかれてしまったと聞きます。

主人公は唯一の武器である包丁を握りしめヤクザのところへ向かおうとします。そんな包丁一つでヤクザと戦うつもりかと聞かれ、こう答えます。

「刺し身にしてやる！」

普通なら「あいつら、許さねえ！」とか「ふざけるな、めちゃくちゃにブチのめしてくれる」とか、そんなセリフになるのかもしれません。

それを、もちろん主人公のキャラクターも多少はありますが、包丁一本を握りしめているという小道具や状況、その時の主人公の気持ちから、その時ならではのセリフにしています。

この『用心棒』は、ほかにも、その人ならでは、その時ならではの、いいセリフが満載です（ちょっとセリフが聞き取りにくいところがありますが）。

このような、その人ならではのセリフ、その時ならではのセリフにすることは、説明セリフにしないための一つの方法でもあります。

よく「説明セリフを書いてはいけない」と言われます。

でも、セリフは、ほとんどすべて説明セリフなのです。レレレのおじさんの「おでかけですか？　レレレのレ～」のような例外をのぞいて。

だから、説明セリフを書いてはいけないのではなく、説明セリフを説明セリフと思わせないようにするのです。

とにかく一つでも二つでも、**その人ならではの、その時ならではのセリフ**にしてみてください。それだけでシナリオが見違えるようになるはずです。

そんなセリフが増えれば増えるほど、あなたのシナリオが輝き始めます。

主人公のセリフだけを見る

そのための、とっておきのコツがあります。

ひとりの人物のセリフだけを見ていくのです。

まずは主人公。**主人公のセリフだけを**見てみます。そして、もっと主人公のキャラクターならではのセリフにならないか、その時の状況や小道具、感情ならではのセリフにならないか、考えてみてください。

セリフは本来、その人物が喋る言葉です。なので、たとえば登場人物が5人いたら5人それぞれ違う言葉遣い、喋り方になるはずなのです。

でも、実際には作者が自分ひとりで書いているので、どうしても5人とも作者のセリフになってしまいがちです。

それを、そのキャラクターのセリフにするのです。

くれぐれも、主人公のセリフだけを見ていくこと。ト書や他の登場人物のセリフを読まないように。

というのは、いいセリフが書けないことの、もうひとつの要因は、ストーリーの流

怠け者なナマケモノ

れを優先してしまうから。セリフを喋る人物のためのセリフではなくストーリーを進めるためのセリフになってしまうからなのです。

なので、ストーリーを追わないように主人公のセリフだけを見ていくのです。

そのための裏技としてパソコンのワープロやエディターソフトでシナリオを書いている人は、検索の機能を使ってみてください。主人公の名前で検索していけばセリフだけをピックアップして読むことができます。

もうひとつ、その人物らしい、**その人物ならではの口癖**を持たせるという手も効果的です。

たとえば『**ハケンの品格**』の大前春子のように、何かというと「〜ですが、何か？」と言わせるのです。

余談ですが、個人的に、他の誰も絶対に言わない、その人物ならではのセリフで史上最強のものを挙げるとしたら、やっぱり**『101回目のプロポーズ』**のこのセリフでしょうね。

「僕は死にましぇ～ん！　なじぇなら、あなたを愛しているから！」

いえ、人間は、いつか必ず死にますけど、何か？

> **ワンポイント**
> **その人ならではのセリフを考える**

〈シーン〉と〈セリフ〉を磨く講座

スカートは短いほうがいい？の術

セリフは1行のやりとりで、うまくなる。

セリフがうまい！　と言われたくありませんか？

コンクールの選評座談会などを読んでいても、セリフがうまいシナリオは高く評価されています。また、プロデューサーにシナリオライターに求めることを尋ねると、セリフがうまいことを挙げる方が圧倒的です。

セリフがうまいと言われるようになるには、どうすればいいでしょう？

ズバリ、**できるだけ短いセリフを書くこと**をお勧めします。

いい文章はミニスカートのようなものだ、短ければ短いほどよいが、大切なところを隠していなければならない、という言葉があるそうです。

まあ、ミニスカートについては、大切なところを隠さなくていい、とか、逆に、あんまり短すぎるのは味気ない、少し長めのほうがいいという人もいるかもしれません。

もちろん文章も、長いからといって、よくないということではないでしょう。どんなに長文であっても名文と言われるものもあるわけですから。ただ、いい文章を書けるようになりたいのなら、まずは短い文章を心がけること、ということだと思います。

セリフも同じです。短いセリフでやりとりさせることを心がけると、セリフがうまくなります。

できれば1行。セリフを1行におさまる

ようにしてみましょう。1行のセリフをやりとりさせてみてください。

いま一番注目されている若手シナリオ・ライターの宮藤官九郎さんが連続ドラマ**『木更津キャッツアイ』**のＤＶＤに収められているインタビューで、ひとり1行のセリフを書くようにしている、改行すると（2行にまたがろうとすると）改行してまで言いたいことか？ と自問する、1行におさめているほうがカッコイイんじゃないか、と述べられています。

イメージは、ひとつのセリフの長さが、水泳の短水路（25メートル）プールでターンしないことでしょうか。

というわけで、今回のシナリオ錬金術は、**スカートは短いほうがいい？** の術。

『絶対彼氏』＆『ブロッコリー』のセリフ

ちょっと数えてみました。

たとえば連続ドラマ**『絶対彼氏～完全無欠の恋人ロボット～』**の第1話はセリフが４９１個あります。実際に数えてみてセリフって予想外に多いんだなということに気がつきました。もちろん個人差はあるでしょうが。

さて、そのうち1行のセリフは２９４個でした。ちなみに3行以上のセリフは31個しかありません。

なので、とてもセリフがテンポよく生き生きとしていて自然です。

この『絶対彼氏』のシナリオは根津理香さんが書かれていますが、根津さんは２００６年の第18回フジテレビヤングシナリオ大賞を受賞しています。その受賞作**『ブロッコリー』**は、選評座談会で「セリフがうまい」と評価されていました。

『ブロッコリー』はセリフの数が４０７個でした。そのうち1行のセリフが３２９個です。ほとんどが1行のセリフといっていいでしょう。ちなみに3行のセリフは、たったの3個！ どれほど短いセリフのやりとりをさせているかが分かります。

特に出だし、ファーストシーンは主人公の女子高校生が所属する高校の演劇部の部室で、ヒロインの役を競い合った同級生や部長、女同士でキスシーンを演じなければならなくなった先輩とのセリフのやりとりをする、ほぼペラ20枚（20枚シナリオ［⇩6頁］と同じ長さです）の長いシーンですが、１１６個のセリフのうち96個が1行のセリフでした。

その、いかにも高校生らしい弾むようなセリフのリズムとスピード感に、思わずグイグイと引きこまれていって自然と先へ先へと読み進めていってしまいます。

この1行の短いセリフのやりとりこそが、審査員にセリフがうまいと評価されたポイントだと思います。

余談ですが、よくコンクールの受賞作を読んで「あんなの、どこが面白いんだ」と言っている人がいます。別に何を言っても構わないのですが、そう言っているだけでは何の意味もありません。ましてや、この部分がダメだ、あそこが良くないと欠点をあげつらっても何のプラスにもならないでしょう。

それよりも、そのシナリオのどんなところが評価されたのかを見てください。たとえば『ブロッコリー』ならセリフがうまいと言われている、さらに、セリフがうまいって具体的には、どういうところだろうと考えてみてください。そして、それを自分のシナリオに取り入れてみます。

そうすれば、ただ「あんなの、どこが面白いか分からない」と言っているより、はるかにプラスになると思います。

さきほどインタービューを引用した宮藤官九郎さんの連続ドラマ『木更津キャッツアイ』の第1話はセリフが752個。私が持っている書籍は一行24文字の書式になっているので1行20文字の原稿用紙に換算すると少し数が減るかもしれませんが、1行のセリフは593個でした。

セリフのほぼ80パーセントが1行のセリフということになります。

宮藤さんのシナリオのセリフが生き生きしていて、いかにも本当に生きている人が実際に喋っているかのように聞こえるのは、この短いセリフ、特に1行のセリフをやりとりさせているからだと思います。

そんなのはテレビドラマだからじゃないのか？　あるいは、今の若い人のドラマだけじゃないのか？　と思われる方もいらっしゃるかもしれません。

そこで『**丹下左膳余話　百萬両の壺**』という映画を例に挙げたいと思います。

丹下左膳のセリフ

『百萬両の壺』は昭和10年（1935年）に作られた山中貞雄監督の時代劇です。

私の手元にあるシナリオは字詰めも20行ではなく、しかもシナリオの書式も現在のものとは違っている（たとえばト書きも上1マス下げで書かれていて、セリフの上に誰のセリフなのかを示す人名も書かれていません）のですが、明らかに現在の書式にしても1行の短いセリフのやりとりが軽妙にテンポよく描かれています。

たとえば、安吉という子どもの父親が殺されて、そのことを主人公の丹下左膳が安吉に伝えようとして、なかなか言い出せないでいるシーン。

「坊や」「ウン」「お前……何て名だ」「安吉だよ」「そうそう安だ、安坊だね」「ちょび安とも言うんだよ」「安坊」「ウン」「そ……それ金魚かい」「ウン」「小さいんだな」「子どもの金魚だよ」「もっと大きいの、ほしくは無いか」「この方が可愛いよ」「……安坊」「ウン」「お前、強いのだろう?」「ウン」「強いから滅多に泣かないだろうな」「ウン、一ペンも泣いたことない」「今迄一度も泣いたことは無いのか?」「ウン」「お前本当に生まれて一度も泣いたことは無いのか?」「ウン、あッ、一ペンある。一ペン泣いた」「何時だ? どうして泣いたんだ?」「おっ母ァが死んだ時泣いた」

と、まあ、こんな感じです。

1行の短いセリフのやりとりが描けるようになると、まず、セリフがテンポよく生き生きと自然になります。

さきほど宮藤さんのセリフを、いかにも本当に生きている人が実際に喋っているかのように聞こえる、と書きましたが、実は実際に私たちが会話を交わしている時は1行の短い言葉のやりとりではなく、個人差はあるでしょうが、もっと長く喋っているのではないかと思います。

しかし、セリフが難しいと言われるのはここなのですが、実際の会話をそのまま書くとセリフとしては冗長で退屈なものになります。**セリフは実際の会話とは違う**ものなのです。

また1行のセリフを書くようにすると説明ゼリフが少なくなります。

セリフは、どうしても長くなれば長くなるほど説明セリフになりがちです。

そして、1行の短いセリフのやりとりが描けるようになると、ここぞという時の長ゼリフが際立ちメリハリがつくようになります。

とはいえ、1行の短いセリフのやりとりというのは、描こうと思って、すぐに描けるわけではありません。

ある程度、慣れが必要でしょう。

逆に言うと慣れてしまえば必ず描けるようになります。

20枚シナリオで1行の短いセリフのやりとりを描けるようにしておいてください。

そうすれば1時間や2時間、あるいは、それ以上の長いシナリオを書くときでも1行の短いセリフのやりとりが描けます。

それを、いきなり1時間や2時間のシナリオを書いて、1行の短いセリフのやりとりを描く力を身につけようとしても無理があります。

20枚シナリオこそ、こういう力を身につけるのに最適なのです。

ワンポイント

セリフはできるだけ1行でやりとりする

〈シーン〉と〈セリフ〉を磨く講座

閻魔さま大忙しの術

3種類の嘘のセリフで、泣かせる！　笑わせる！

「私、あなたのこと嫌いです」と言われたら、どう思いますか？　実際の生活では言葉どおりに、この人は自分のことが嫌いなんだなと思いますよね。もしかして、この人、実は私のこと好きなのかも、なんて思いませんよね（まあ時々、嫌いだと言ってるのに、好きなんだなと勘違いしている自惚れ屋さんもいますが……）。

でもでも、映画やテレビドラマでは、どうでしょう？　「私、あなたのこと嫌いです」と言っているシーンを観たら、あれ？　この人は相手のこと好きなのかも、と思いませんか？

「**セリフは嘘つき**」という言葉を思い出した方も多いでしょう。

そうなのです。セリフは本当のことを話しているとは限りません。

というより、むしろ、本当のことをそのまま語らせてしまうと説明セリフになりがちです。

よく「**説明セリフを書くな**」と言われますが、実はセリフというのは、ほとんどが説明セリフなのです。

セリフの機能には、

1　人物の心理や感情を表わす

2　ストーリーを進展させる

3　事実を知らせる

この3つがあります。セリフというのは言葉ですから、1でいえば人物の心理や感情を言葉で表わす、つまり説明しているのです。2もストーリーの進展を言葉で説明することですし、3にしても言葉で事実を知らせるというのは説明していることにほかなりません。

なので「説明セリフを書くな」というのは厳密にいえば無理なのです。

じゃあ、どうするのかというと説明だと感じさせないことです。いくつか方法がありますが、そのひとつが本当のことをそのまま言わせないで嘘を言わせるのです。

嘘をつくと閻魔さまに舌を抜かれると言われていますが、閻魔さまが大忙しになって夜眠れなくなるぐらい、**どんどん嘘のセリフを言わせてみて**ください。

というわけでシナリオ錬金術、**閻魔さま**

大忙しの術！

気持ちと裏腹なセリフ

では、嘘のセリフには、どんな種類があるのでしょう？

先ほどのセリフの機能を思い出してください。まずは〈人物の心理や感情を表わす〉でいうと、人物の気持ちや思っていることを、そのまま言わせるのではなく、**本音や本心とは裏腹なセリフ**を言わせるのです。

たとえばテレビドラマ『**不機嫌なジーン**』では、こんなシーンがありました。

竹内結子さん演じる主人公は、昆虫の研究をしている大学院生ですが、年下の恋人は自分より研究を優先する主人公に不満を感じています。そんな時、主人公の誕生日を2人で過ごす約束をしていて、研究室が停電になり飼育している動物たちを保温しなければならず、主人公は大遅刻してしまいます。しかも、恋人が違う女性と一緒にいるところを目撃し、恋人の携帯に電話すると、恋人は男友達と一緒にいると嘘をつきショックを受けます。

傷心の主人公が研究室に戻ってくると母親から電話が。

母親の声は聞こえません。主人公は、ただ「うん……うん……」と相槌を打っています。だから話の内容は分かりません。そして、主人公はセリフでは「泣いてない」「大丈夫」と言いながらボロボロと涙をこぼすのです。

やはりテレビドラマ『**AGE、３５**』では、中井貴一さん演じる主人公・英志に、瀬戸朝香さん演じる愛人・ミサが、本心とは裏腹なセリフを言う場面がたくさんありました。たとえば、ミサが妊娠し英志は家庭を捨て家を出ることを決意し、そのことをミサに告げます。しかし、ミサは英志の鞄の中に紙とクレヨンで作ったネクタイを見つけます。そこには「パパ、おたんじょうびおめでとう」の文字が。

再び家を出るという英志にミサは、「私はそんなの嫌、今まで通り時々会えればいいじゃない、いつも一緒にいたいって言ったけど、それは、その時の気まぐれというか、かなわない夢みたいなもので、夢が現実になったら、つまらないかもしれないじゃない」と言い放ちます。

が、ひとりになったミサは、英志からもらった安産のお守りを切なく両手で握っています。

映画『**ALWAYS　三丁目の夕日**』では、こんな泣けるシーンがありました。吉岡秀隆さん演じる文学青年・茶川が引きとっていた淳之介（須賀健太くん）の本当の父親が現われ、淳之介を引き取りたいと言ってきます。しかも実の父親は、お金持ちです。茶川は、淳之介をよろしくお願いしますと頭を下げます。

実の父親の車に乗せられ連れて行かれる淳之介。一度は家に戻った茶川でしたが、別れがたく車を追って走ります。そして、転倒。「淳之介！」と叫びます。

と、車から降りて走って戻って来たらしい淳之介が息を切らせて立っています。駆け寄る2人。

が、茶川は淳之介を突き放し「なに戻ってきてんだよ、バカ。行かなきゃダメだろ！」と。それでも、すがりつこうとする淳之介を、また突き放します。「お前がいたら迷惑なんだよ！」それでもすがりつく淳之介。突き放す茶川。「お金持ちの家なんだぞ、何でも買ってもらえるんだぞ！」それでもすがりつく淳之介を茶川は力いっぱい抱きしめます。「お前とは縁もゆかりもないんだぞ。赤の他人なんだぞ」と言いながら。

ストーリーを進展させる嘘

次に〈ストーリーを進展させる〉でいうと、代表的な例として、戦前の映画ですが山中貞雄監督の**『丹下左膳余話　百萬両の壺』**を観てみましょう。

たとえば、主人公・丹下左膳が用心棒をつとめる矢場で、大店の主人（実は、ところ天屋の七兵衛）がヤクザもんとトラブルを起こし、女将が主人公に物騒だから送ってあげてくれと言います。しかし、主人公は「俺は行かん、今夜は早く寝る、先刻のお前の唄で熱が出た。頭がズキズキ痛む。金輪際わしは送って行かんぞ」と言います。が、次のシーンでは主人公は店の客を送っています。さらに「ここまでくれば、もう大丈夫でございます」という店の客に「ついでだ、店まで送ろう」とまで言うのです。

あるいは、ところ天屋の七兵衛がヤクザに殺され息子の安吉がひとり残されてしまいます。可哀想に思った主人公は女将に、連れて帰って何か食わしてやろうと言いますが、女将は「ふん、妾があんな汚い子を家へ入れると思っているの？　誰があんな子に御飯なんぞ食べさせてやるものか」と答えます。しかし、次のシーンでは女将の家で安吉は飯を食っているのを側で主人公と女将が給仕しています。

『丹下左膳余話　百萬両の壺』では、このパターンを多用することでコミカルな味を出しています。

テレビドラマ**『天気予報の恋人』**でも、このパターンが使われていました。佐藤浩市さん演じる気象庁の天気予報官の部下（お笑いコンビのナインティナインの矢部浩之さんが演じていました）が、深津絵里さん演じる覆面ＤＪのラジオ番組のファンで覆面ＤＪとのデートを実現します。が、デートの約束の日曜日に測候所へ行く予定を組まれ、佐藤浩市さんに代わりに行ってもらおうと「ひとつだけお願い聞いてくれますか」と切り出します。佐藤浩市さんは用件も聞かずに「やだよ聞かない、聞きたくない」「日曜日なんですけど」「だから聞きたくないって言ってんだろ」「お願いしますよ、実はね」「やだって言ってんだろうが」と頑なに拒否します。

羽根は口ほどに物を言う

でも次のシーンでは約束のレストランの席に座り、落ち着かない様子で腕時計を気にしたり、窓に映った自分を見て襟元を直したりしています。

事実とは違うことを言う

そして〈事実を知らせる〉でいうと、まさに事実とは違う嘘を言わせるわけです。

映画『THE　有頂天ホテル』では、役所広司さん演じるホテルの副支配人は、原田美枝子さん演じる元・妻と再会します。

しかし、かつて副支配人は演劇を志し、そのことが原因で妻と別れたので、今さら演劇を辞めホテルで働いていると言えません。

たまたま、その夜ホテルで行なわれる表彰パーティの案内がそばにあり、「ステージマン・オブ・ザ・イヤー」と勘違いした副支配人は、この表彰パーティに呼ばれているんだと嘘をつきます。

しかし、その表彰パーティは「ステージ

マン（演劇人）」ではなく「スタッグマン（鹿の交配技師）」の表彰パーティ。さらに実は、そのパーティに呼ばれているのは元・妻が再婚した現在の夫で、元・妻には副支配人の嘘がバレバレなのですが、そうとは知らぬ副支配人は、その嘘をつき通そうと右往左往し、挙句に大真面目な顔で鹿のかぶりものまで被ろうとして笑えます。

この3種類の嘘のセリフのどれかひとつを使えるところが、あなたの20枚シナリオの中にも、どこかに必ずあると思います。ぜひ使ってみてください。

そして、目指すは「セリフは嘘つき」の遣い手ナンバーワン！

ワンポイント
気持ちと裏腹など
嘘のセリフをどんどん

〈シーン〉と〈セリフ〉を磨く講座

人魚姫の「好き」を伝えるの術

たまにはセリフなしのシナリオを書いてみる。

セリフに頼りすぎていませんか

今回は、いつもと少し趣向を変えて、ワンポイントお役立ちアドバイスというより、こんなシナリオを書いてみるのも楽しいよ！という話をします。

どんなシナリオかというと、**セリフなしのシナリオ**です。

え？　セリフなし？と思われるかもしれませんが、初めてトーキーが現われたのは１９２７年、それ以前はサイレント（無声映画）が当たり前でした。

厳密に言えば、サイレントだからといってセリフがまったくないというわけではありません。サイレントではセリフは字幕タイトル、それも映像に文字を重ねることができなかったので、無地に文字だけの画面が映像と映像の間にはさみこまれます。

そんな文字だけの画面がしょっちゅう入っていたら興ざめです。なのでセリフ（字幕画面）を、できるだけ少なくし、映像で描写し観客に伝えようとしました。

新井一著『シナリオの基礎技術』には、このように書かれています。

セリフが字幕タイトルでしか表現できなかったトーキー以前においては、鳴滝組の人々を中心にして、三村伸太郎氏や山中貞雄氏、伊藤大輔氏の先輩たちは、映像によっていかに表現するか苦心し、その苦心が、日本映画をいかに前進させたか。私たち後輩は忘れてはなりません。その後トーキーとなって、音が入りセリフがいえるようになって、映画人たちは、自ら発見した映像表現のすばらしさを捨て、演劇のセリフ劇に追随したことによって、今日の映画の魅力を衰退させたことも銘記しなくてはなりません、と。

もちろん新井先生は、セリフを全否定しているわけではありません。

ただ、セリフに頼り過ぎていませんか？と問題提議しているのだと思います。

たとえば20枚シナリオ（⇩6頁）で1本、セリフのないシナリオを書いてみてください。どれほどセリフに頼っていたかが、とても分かると思います。

確かに、まったくセリフを書かないとなると、楽しいばかりじゃなく大変さもあるでしょう。

人間の姿になった代わりに言葉を喋れなくなった人魚姫が、王子を好きであることも、王子を遭難から救ったのが自分であることも伝えられなかったように……。

でも、その大変さの分だけ力がつくこと間違いなし！

トーキー以前の大先輩たちの苦心が日本映画を前進させたように、その大変さは、あなたのシナリオを大きく前進させてくれるでしょう。

ぜひ一度トライしてください。

というわけで、このシナリオ錬金術は、

人魚姫の「好き」を伝えるの術！

音声を消して観てみる

新井先生と同じことが『映画術』という本にも書かれています。

この本では、アルフレッド・ヒッチコック監督にフランソワ・トリュフォー監督がインタビューしています。

まずトリュフォーが、サイレント時代の末期には、ほとんど映画の形式の完成点に近づいていたと思うと述べています。

さらに、トーキーの発明はこの完成を妨げ、また元の木阿弥になり何もかもやり直さなければならなくなったのではないでしょうか？と言うと、ヒッチコックは、まったく、その通りだ、と答えます。

続けてヒッチコックは、今でも事情は変わらない、いま作られている映画の大部分は「映画」ではなく「しゃべっている人間の写真集」とでも呼びたいぐらいだ、どうしても必要なとき以外はセリフにけっして頼ってはならないというのが映画の鉄則だと思うんだよ、それがトーキーの到来とともに映画がたちまち演劇的な形式に凝り固まってしまい、その結果、映画的なスタイルがなくなってしまった、と語っています。

また、サイレント時代の監督の才能を評価する目安は、いかにして最小限のセリフの字幕タイトルで映画を撮るかという一点にあったとも述べられています。

スティーブン・スピルバーグ監督も『アクターズ・スタジオ・インタビュー』のテレビ番組で、映画の音声を消して映像だけで、いかに表現されているかを観ると勉強になるという話をしていました。

ただし、これは監督志望の生徒の「どのように勉強したらいいか?」という質問に対して答えたものですが、監督志望だけでなくシナリオを書く上でも、とても有効な勉強法ではないでしょうか。

チャップリンの『街の灯』

サイレントでなくてもいいのです。セリフがないだけで音（効果音）はあっても構いません。

たとえばチャップリンの映画**『街の灯』**は、1931年に作られていて、もちろん、すでにトーキーが当たり前でした。

しかし、セリフは字幕タイトルで入れられ、あえてサイレントのようにつくられてます。

が、効果音や音楽は入っています。銃の音や飲み込んでしまった笛の音など、とても効果的に使われています。

浮浪者である主人公が、盲目の女性と出会い恋に落ちます。そして、その女性の目が手術さえ受ければ見えるようになることを知り、何とか手術代を得ようとしますが、ことごとくうまくいかず……というストーリーですが、特にコメディを書きたいと思っている方は、主人公に目的を持たせ、目的に向かおうとする主人公に障害物をぶつけ右往左往させることで笑いを生み出すという**コメディの基本形が、よく分かる典型例**だと思います。

そこに言葉（セリフ）は必要ないのです。

逆にラストシーン、盲目だった女性は主人公がくれたお金で手術を受け目が見えるようになっていますが、自分の恩人は、お金持ちの紳士だと思っていて、主人公を見ても、ただの浮浪者としか思えません。

しかし、その手に触れた瞬間、この人こそが恩人だったのだと気づきます。

その時、たった3つのセリフ（字幕タイトル）のやりとりがあります。英語表記では読みにくいのでカタカナで書きますが、「ユー?」「ユー・キャン・シー・ナウ?」「イエス・アイ・キャン・シー・ナウ」というものです。

きわめてシンプルですが、何と奥深いセリフのやりとりでしょう!

セリフに頼らないように頼らないようにするからこそ生まれた宝石のようなセリフではないかと思います。

世界中の人に見てもらえる

古い映画ばかりではありません。

たとえばリュック・ベッソン監督の長編デビュー作**『最後の戦い』**もセリフのない映画でした。

こちらは字幕タイトルもありません。

近未来、最終戦争と異常気象のために空気は汚染し、文明は破壊され、わずかに生き残った人々も声帯を傷つけ、言葉を失っているという設定になっています。

なので、登場人物は叫び声などは上げるのですが、セリフは喋りません。

『TUVALU』というドイツの若い映画監督ファイト・ヘルマーの長編デビュー作も、ほとんどセリフがありません。名前を呼んだり「NO！」といった、ごく短い一言が、いくつかある程度です。

ストーリーは、廃墟のような町にある古びたプールで働く青年が、プールにやってきた少女に恋をし、少女と船で旅立つことを夢見ながら、町の再開発のためプールをつぶそうとする人たちと戦い……というもの。

監督は、自分は翻訳しないで（字幕や吹き替えなしで）世界中で観られる映画を作りたい、と語っています。

確かに、セリフがなければ、すぐに、そのまま世界中の人たちに観てもらうことができます。

フランスの**『ベルヴィル・ランデブー』**というアニメ映画もセリフがありません。

これは、ちょっと変わっていて歌はあります。

三輪車を買い与えた孫が成長し、ついにツール・ド・フランス（世界最高峰の自転車レース）に参加するが、レース中に誘拐され、おばあちゃんと愛犬が孫を救おうとするロードムービーです。

アニメといえば子ども向けのアニメ映画にはセリフのないものが、たくさんあります。チェコの**『クルテク〜もぐらくんと森の仲間たち〜』**も、そのひとつ。１９５７年から製作が開始され、チェコでは国民的な人気キャラクターです。

今のテレビドラマにナレーションが多いことについて、ナレーションを入れないと今の視聴者には伝わらないという話を聞きますが、本当は、きちんと映像で引きつけ、映像で伝わるようにつくれば子どもにだって伝わるのだということでしょう。

ワンポイント

セリフなしのシナリオにトライしてみる

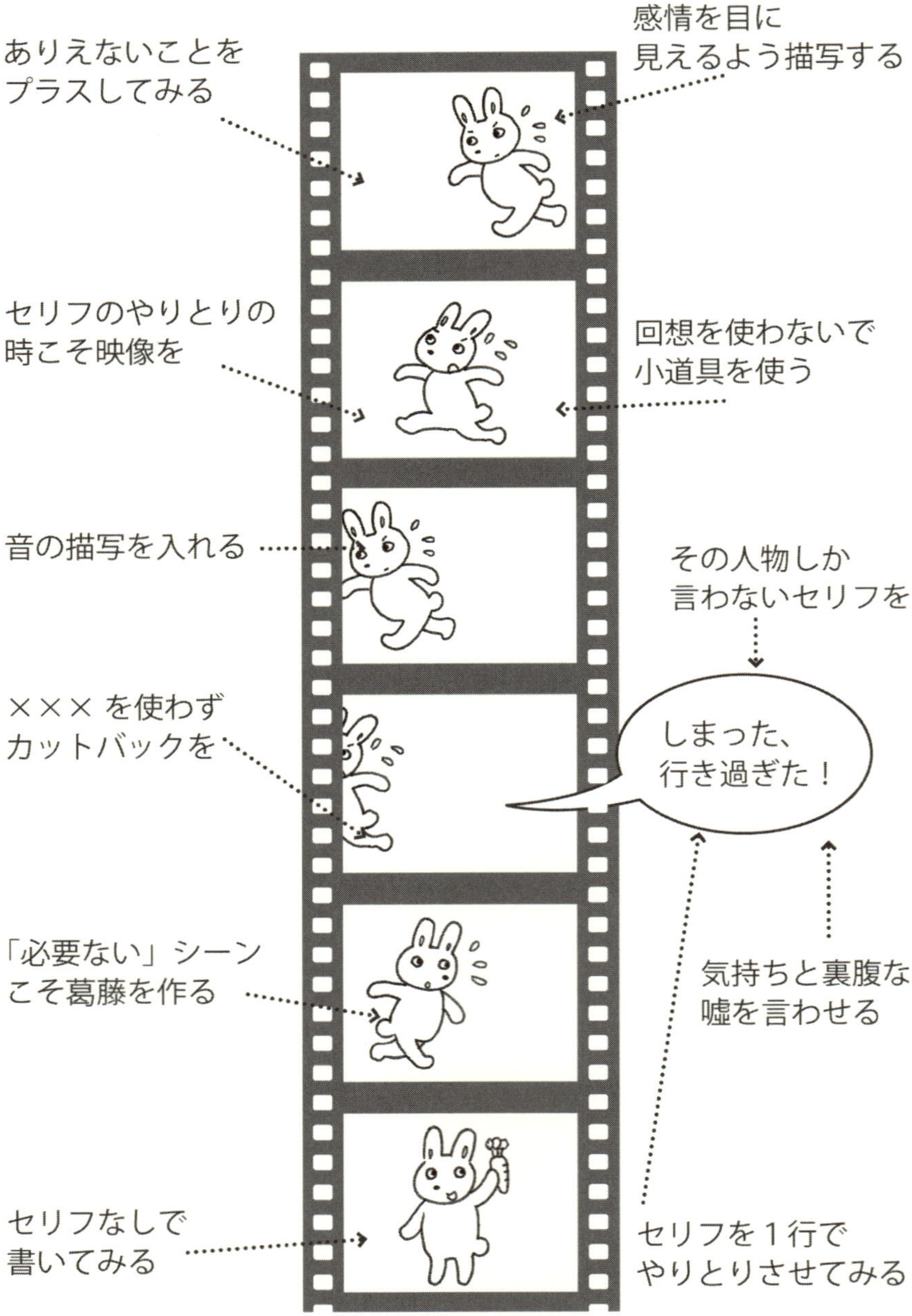
ありえないことを
プラスしてみる
感情を目に
見えるよう描写する
セリフのやりとりの
時こそ映像を
回想を使わないで
小道具を使う
音の描写を入れる
その人物しか
言わないセリフを
×××を使わず
カットバックを
しまった、
行き過ぎた！
「必要ない」シーン
こそ葛藤を作る
気持ちと裏腹な
嘘を言わせる
セリフなしで
書いてみる
セリフを1行で
やりとりさせてみる

4

発想を刺激するヒント

発想を刺激するヒント

天橋立股のぞきの術

斬新な発想やアイデアのコツは天地逆転。

「私に才能があるでしょうか?」と聞かれることがあります。

あるいは「自分には才能がないので諦めます」などという人もいます。

ちょっと待ってください。才能って本当に必要なんでしょうか?

そもそも才能って何? 具体的に、どういうものでしょう?

シナリオ・センターの創立者である新井一先生は『超「シナリオ執筆術」』(映人社刊『シナリオ作法論集』所収)の中で「才能が必要と思われるのは、教え方が間違っていたのではないでしょうか」と書かれています。

つまり、才能って何なのか、よく分かりませんが、何か生まれつき備わっているようなものなんかなくたって、教え方(あるいは学び方?)さえちゃんとしていれば面白いシナリオは書ける、ということです。

そんなことないよ、と思われる方もいるでしょう。

たとえば、あの人は20枚シナリオ(⇩6頁)でも、いつも今までにない斬新な設定や着眼点で書いてくるけど、私は平凡でありきたりな発想しか浮かばない、とか。

なるほど、なるほど。確かに、別にウンウン唸っているわけでもないのに次々と斬新な発想やアイデアが浮かんでくる人がいます。その人は少なくとも発想やアイデアについて何やら生まれつきに備えられた才能なるものがありそうです。いや、実際に才能があるのかもしれません(面白いシナリオを書くには発想やアイデアだけではありませんが)。

でも、そうでない人でも、**こうすれば斬新な発想やアイデアが浮かんでくるよ**、というコツがあります。

うまくいかない時「自分には才能がないからうまくいかないのだ」と考えるのではなく「何かうまくいくような方法(コツや技術、やり方や考え方)があるのではないか?」と考えてみましょう。必ず方法があるはずです。

というわけで今回は斬新な発想やアイデアを浮かべるコツをお話します。

シナリオ錬金術、**天橋立股のぞきの術！**

天地逆転で見てみる

天橋立は日本三景のひとつで、そのまま眺めても素晴らしい景色なのですが、その風景に背を向けて足を開いて立ち、前かがみになって自分の股の間から見ると天地が逆さまに見えます。そうすると松並木が空中に浮かんだように見え、天に架かる浮き橋のような、この世のものとは思えない景色になるのです。

天橋立ほどでなくても、今まで見慣れていた平凡でありきたりな景色だって、股のぞきして天地逆転で見てみると、今まで見たことがない、まったく違う新しい景色に変わります。

つまり、平凡でありきたりな発想も、股のぞきして天地逆転すれば、まったく新しい斬新なアイデアに早変わりというわけです。

たとえば『**サトラレ**』という映画（もともとはマンガが原作で、連続ドラマ化もされました）があります。主人公は、自分が考えていることや思っていることが周りにいる人たちに全部バレてしまっているという設定になっています。つまり道を歩いていて「あの子かわいいな」と思ったら、近くで歩いている人たちが「あいつ、あの子がかわいいって思ったな」と伝わってしまうのです。

自分の考えていること思っていることが何でもかんでも、みんな周りに悟られてしまうので『サトラレ』です。

今までにない斬新な設定です。

こんなアイデア、よく浮かぶなと思いますが、実はこれ、**人の心を読める超能力者を、股のぞきして天地逆転しているだけ**なのです。

人の心を読める超能力者なら平凡でありきたりな発想ですが、ただ股のぞきして天地逆転するだけで斬新な発想に大変身するのです。

股のぞきがつかわれている映画

『**ターミネーター２**』の敵キャラＴ－１０００にも股のぞき天地逆転アイデアが使われていました。

Ｔ－１０００の体は液体金属でできていて、銃で撃たれると穴が開いて貫通してしまいます。そして、しばらくすると穴は、ゆっくり元に戻って塞がれてしまいます。

それまでの強い敵キャラのイメージは、どんな弾丸をも跳ね返してしまう頑強な体であるというものでした。それを逆さまにして、これまでにない新しい敵キャラを生み出しているのです。

黒澤明監督の『**七人の侍**』は、黒澤監督自身が「ひとことでいえば百姓が自分たちの村を守るために侍をやとう話だな」と話されていたそうです。

百姓が侍をやとう、これも股のぞき天地逆転アイデアでしょう。

『**用心棒**』だって、ある宿場町へやってきた浪人が、対立するヤクザを仲直りさせるのではなく、わざと戦わせて互いに全滅させ平和を取り戻す話です。

ね？　股のぞきしてるでしょ？

設定だけではありません。たとえばセリフ。『**男はつらいよ〜花も嵐も寅次郎〜**』では、こんなセリフのやりとりがありました。

マドンナは田中裕子です。そのマドンナに思いを寄せる美男を沢田研二が演じています。トラさんは沢田研二の思いをマドンナに伝えますが、マドンナは沢田研二が二枚目過ぎて好きになれないと言います。そのことをトラさんから伝え聞いた沢田研二はトラさんに問います。「トラさん、男は顔ですか?」トラさんは答えます。「そうなんじゃないの」。

男は顔じゃない、ではなく、男は顔なんじゃないの、と言わせています。しかも、トラさんが沢田研二に。

とにかく逆転させてみる

最近のテレビドラマでも股のぞき天地逆転アイデアがあります。

まずは『**時効警察**』。

これは分かりやすいですよね。普通なら時効間近になった犯罪を時効が成立する前に解決しようとするわけです。時効まで、あと何日とか、あと何時間と時間のカセをかけてドラマを盛り上げていくわけです。

それを、**もう時効が成立してしまった後の犯罪を解決する**というように股のぞき天地逆転しています。

あえてカセを外すことで、あのユル〜イ感じが出るわけですね。

それから『**ハケンの品格**』。

派遣社員というと、どちらかというと社員に虐げられているイメージで描かれていました。理不尽な仕事を命じられたり、契約期間で延長してくれるかどうかビクビクしたり、挙句に正当な理由もなく契約を打ち切られたり。

それを股のぞき天地逆転して、むしろ社員にダメを出したり、契約期間は3カ月のみ延長なしで、どんなに社員になってほしいと求められてもガンとして応じない、そんな、あらゆる資格を持つスーパー派遣が主人公でした。

とにかく一度、股のぞき天地逆転してみてください。**男を女にしたり、年上を年下にしたり**、何だって構わないのです。

一度、股のぞきして発想が広がると、既成概念や常識のフタが外れて、じゃあ、これもアリ？　あれもアリ？　と次から次へと発想が広がっていくはずです。

たとえば、上司と部下というと何となく上司が年上で部下が年下という感じがします。まずは、それを股のぞきして、年下の上司と年上の部下とします。さらに、じゃあ年下の女性の上司と年上の男性の部下もアリ？　とすると、さらにさらに、じゃあ年下って女子高校生の上司なんてのもアリ？　と浮かんできたりします。

女子高校生が上司、というかヤクザの組長になってしまうのは**『セーラー服と機関銃』**です。

ちなみに高校生がヤクザの組長になる『セーラー服と機関銃』を股のぞき天地逆転すると、ヤクザの組長ではありませんが若頭が高校生になる**『マイ☆ボス　マイ☆ヒーロー』**になります。

まあ、『マイ☆ボス　マイ☆ヒーロー』が『セーラー服と機関銃』を股のぞきして発想したかどうかは知りませんが。

常識や既成概念のフタを外す

この股のぞき天地逆転して発想するポイントは、そうすることで常識や既成概念のフタを外し、個性を引き出そうとしているのです。

人には、それぞれ個性があります。

時々「私、個性がないんです」という人がいますが、そんなはずはありません。一人一人、顔が違っているように、生まれも育ちも境遇も、感じ方や考え方も、みんな違うはずなのです。

でも、常識や既成概念が個性にフタをしているのです。これが今までにない新鮮な発想を妨げている一番の原因です。

そのフタを外してあげて個性を引き出せれば、今までにない新鮮な発想が生まれるはずなのです。

もし、才能なるものが具体的にあるとしたら、そのひとつは、この個性なのではないかと私は思います。

だとしたら、みんな才能は持っているわけです。あとはそれを、どうやって引き出していくか、だけです。

ワンポイント

男・女、年齢、立場など設定を逆転させた発想を

発想を刺激するヒント

日本生まれのナポリタンの術

題名はシナリオを書き始める前に書いてしまう。

「シナリオの題名を考えるのが苦手です」という方、意外に多いんじゃないでしょうか。

いや、むしろ、そういう方は題名の大切さを分かっているわけです。別にいい加減な題名でいいんだったら苦手も何もありません。いい題名をつけたいから、苦手だなあと思うわけです。

たとえば題名や人物表だけを見ても、いいなあと思う題名が書かれていると、どんなシナリオだろうと観たくなります。

最近は映画にしろドラマにしろ公開や放送が始まる前に、どんな映画やドラマなのか多くの情報が得られます。でも題名が最初に目に触れることは変わりありません。つまり人間でいうと第一印象です。より多くに人に観てもらいたいなら、より多くの人を引きつける題名をつけることが、まず第一条件です。

また、コンクールでも題名は重要です。特に1次審査や2次審査といった早い段階の審査では、もちろん題名がいいから通った、題名がよくないから落ちたということはありませんが、1人の審査員が何十本というシナリオを読まなければなりません。人間ですから、たくさんのシナリオを読むと自然にテンションは落ちていきます。でも、いいなあと思う題名がついていると、どんなシナリオだろうと興味を持って読むことができます。

自分のシナリオがテンションを落として読まれるのと、興味を持って読まれるのと、あなたはどちらがいいですか？

というわけで今回は題名のつけ方について。

一番のコツは、**あまりシナリオの具体的な内容に合わせようとしない**ことです。たとえば、ご存知の方も多いと思いますがスパゲティ・ナポリタンって最初に作ったのは横浜のホテルのシェフなんだそうです。イタリアのナポリにはナポリタンはないんだとか。

そこで今回のシナリオ錬金術は、題して、

日本生まれのナポリタンの術！

内容を表わさなくてもいい

ええ？　題名って内容に合ってなきゃいけないんじゃないの？

そんなことはありません。

まずは、とっておきの例を。『**太陽にほえろ！**』。

刑事ドラマの超ヒット作です。当たり前なんですが、誰も太陽に向かって吠えたりはしません。ドラマの具体的な内容と題名が合っているわけではないのです。

逆に、刑事という言葉も捜査という言葉も題名には含まれていません。

このドラマは刑事ドラマというよりは青春ドラマの要素が強かったように思います。青春ドラマの主人公の職業が刑事というイメージでしょうか。そんな新しい刑事ドラマのイメージに、この題名はピッタリだったのです。

そうなのです。具体的な内容に合っているかどうかよりも、**どんなイメージを伝えるか**、がポイントなのです。

同じ刑事ドラマでは『**踊る大捜査線**』も捜査という言葉を使っていますが、特に具体的な内容と合っているわけではありません。ほかにもドラマでは『**ハケンの品格**』やマンガが原作ですが『**ブラックジャックによろしく**』など、映画では『**さくらん**』や小説が原作ですが『**陽気なギャングが地球を回す**』『**暗いところで待ち合わせ**』、古くは小津安二郎監督の『**秋刀魚の味**』などなど、題名が特に具体的な内容に合わせてつけられているわけではなく、むしろイメージを伝えているものは数多くあります。

もちろん具体的な内容と合っている題名も、たくさんあります。ドラマでは『**結婚できない男**』とか『**今週、妻が浮気します**』なんて、もう、そのものズバリです。ほかにも『**29歳のクリスマス**』とか『**大奥**』とか、映画でも『**かもめ食堂**』とか『**フラガール**』とか。

主人公の名前やあだ名のようなものが、そのまま題名になっている『**寺内貫太郎一家**』『**警部補・古畑任三郎**』『**特命係長・只野仁**』『**ごくせん**』『**ガリレオ**』といったパターンもあります。

なので具体的な内容にあった題名をつけてはいけないと言っているわけではありません。

ただ、題名をつけるのが苦手という方は、自分が書いたシナリオの具体的な内容に合わせようとして縛られてしまっていることが多いのではないでしょうか。

というのは、題名をつけるのが苦手な方に「いつ題名をつけてますか？」と尋ねると、だいたい、シナリオを書き終えてから題名を考えるという答えが返ってきます。

まず、そこが罠なのです。

題名は書き始める前に考える

シナリオを書き終えてから題名を考えようとすると、なかなか浮かびません。

シナリオを書き終えた後だと、どうしてもシナリオの具体的な内容に合わせせよう合わせようとしてしまいます。なので身動きがとれなくなってうまく浮かばなかったり、考えついても内容に合わせよう合わせようとしているので、妙に理屈っぽかったり真面目すぎて面白味のない題名になったり、あるいは考えすぎて説明しないと分からないような題名をつけてしまいがちなのです。

シナリオの題名は、なるべく早く、できればシナリオを書き始める前に考えてみてください。どんな題材で、どんな人物で、どんなシナリオを書こうかなと、あれこれ考えているときに題名も考えることをおすすめします。

まずは気楽に。具体的な内容に合ってなくていいので（というか合わせようとしても、まだ具体的な内容は決まってないわけですから）、イメージで考えてみてください。

これぞ、というのが浮かばなくてもいいのです。とりあえず仮につけておいて、もしかしたらシナリオを書き進めるうちに、もっといい題名が浮かぶかもしれません。そうしたら、それに変えればいいのです。

そして、なるべく早く題名を考えるメリットは、もうひとつあります。自分の気に入った題名が浮かんだらシナリオを書く気持ちも高まり自然と力が入ります。

題名の意味と形

さて、題名で気をつけて欲しいのは英語のアルファベット表記です。

基本的にテレビドラマでは、『TEAM』や『SP』、日本語をアルファベット表記した『anego』といった例外はありますが、多くは英語をカタカナ表記します。それも『エンジン』『ファイト』といった分かりやすくて、ほとんど日本語同然になっているものです。『ロング・バケーション』ぐらいの難しさがギリギリでしょうか。

映画も、たとえば単館レイトショーなら限定された観客層を対象にすることもできるので一概には言えませんが、全国ロードショー規模であれば『ALWAYS』や『CASSHERN』といった例外を除いて英語はカタカナ表記され、それも多くの人に分かりやすい言葉に限られていることはテレビドラマと同様です。

題名で大切なのは何といっても言葉の意味です。まず言葉の意味が伝わらなければ、どうしようもありません。より多くの人に意味が伝わりやすいのは英語のアルファベット表記よりも、圧倒的に日本語のカナ漢字まじり表記のほうが上です。

そして、意味の次に考えてほしいのは形です。

題名は文字そのものが大きく画面やスクリーンに映し出されます。その映し出される文字そのものの形でイメージが違ってきます。

たとえば先ほども例に出した『ハケンの品格』ですが『派遣の品格』では硬すぎます。まるで教養番組の題名のようです。でも、あえてカタカナを使うことでコメディらしい題名の形になっています。同じ言葉でも漢字にするのか、カタカナにするのか、ひらがなにするのかによってイメージが違ってきます。これも日本語の特徴の一つでしょう。

なので、英語のアルファベット表記をしてはいけないとは言いませんが、まずは日本語のカナ漢字まじり表記をおすすめします。

「音」にも注意

あまり例としては多くはないのですが、題名には意味や形のほかに、音という要素もあります。言葉の持つ響きやリズムの心地よさを狙った題名です。

『カバチタレ！』（これもマンガが原作ですが）なんていうのも、そのひとつでしょう。確かに「かばち」というのは広島弁で「屁理屈」という意味があるようですが、そんな意味よりも、言葉の響きやリズムが一度聞いたら忘れられません。

最後に音の題名の最高傑作として**『ゴジラ』**を挙げたいと思います。映画に登場する怪獣の名前が、そのまま題名になっているわけですが、ものすごいネーミングだなあと思います。もしゴジラが別の名前だったら、たぶん、いまメジャーリーグで活躍している松井選手は違うニックネームで呼ばれていることでしょう。

以前、商品のネーミングの専門家に**文字の音によるイメージ**を研究した表を見せてもらったことがあるのですが、「ゴ」は重大、「ジ」は鋭利、そして「ラ」は愛嬌でした。まさしくゴジラのイメージそのものの響きやリズムになっているわけです。

ワンポイント

シナリオを書き始める前にタイトルを考えてしまう

発想を刺激するヒント

ママは母上、トイレは厠の術

発想を自由にするために時代を後で置きかえたりしてみる。

あなたが今書こうとしているシナリオの時代設定はいつですか？

おそらく、ほとんどの方が「現代」と答えるのではないかと思います。

いや、いいんですよ、もちろん現代でも。

ただ、ちょっと時代を動かしてみませんか？

たとえば、時代劇にしてみるとか？

そうすると、現代の設定では、ちょっとありきたりかなあと思うようなシナリオでも、新鮮で個性あるシナリオに変身したりします。

そんなこと言ったって時代劇なんて書いたことがないし、どう書いていいか分からないという人、あまり難しく考えず、まず最初は現代で考えてみます。

最初から時代劇で考えようとすると眉間にしわが寄り、なかなか浮かばなかったりしますが、まずは現代でいいとなると気楽に、いろいろ考えられると思います。

それを**後で時代劇に置きかえればいい**のです。

もちろん江戸時代や戦国時代でもいいですし、平安でも明治維新の頃でも構いません。

また、時代劇が好きで、よく20枚シナリオ（⇩6頁）でも書いてますという人も、まずは現代で考えてから、それを時代劇に置きかえるというのを試してみてください。

というのは、時代劇で一番難しいのが今までにない新鮮な個性あるシナリオになりにくいことです。

どうしても、最初から時代劇で考えると、ありがちなパターンになってしまうことが多くなります。

特にコンクールでは、ありがちなパターンでは、どんなにうまく書かれていても評価されにくくなります。

逆にいえば、今までにない新鮮な時代劇が書ければ注目度は高くなります。

最初は現代で考えて、それを時代劇に置きかえると今までにない新鮮な時代劇が浮かびやすくなります。

というわけで今回のシナリオ錬金術は、

ママは母上、トイレは厠の術！

発想は自由に拡げて

時代劇は特別な知識が必要で難しいからと敬遠されがちですが、どうですか？　ママを母上に、トイレを厠にするぐらいなら簡単でしょう？

もちろん多少は調べなければならないことも出てくるかもしれませんが、あまり細かいことを詳しく調べる必要はありません。

20枚シナリオなら、できれば、あまり調べないで自分が今知っている知識だけで書いてみてください。

あまり詳しく調べてしまうと、知り得た知識に縛られて、かえって書けなくなってしまいます。ちょっとぐらい分からないことは想像で描いちゃって大丈夫。

時代劇に限らず発想の段階では、なるべく自由に広げていって、いざ作品として仕上げていく段階（コンクールなどの1時間や2時間のシナリオを書き上げる時など）で、しっかり調べて固めていくのがコツです。

そもそも映画やテレビドラマの時代劇というのは一般の観客や視聴者が観ます。つまり時代考証などの知識が特にある訳ではない人たちが観るのです。そういう人たちに分かるように描かなければならないのです。このへんはファンが読む、あるいはマニアも読む時代小説とは少し違うところでしょう。

また、実際の映画やテレビドラマだって、あえて時代考証を無視しているものもあります。山中貞雄監督の『**人情紙風船**』という時代劇映画がありますが、この時代に紙風船というのはなかったそうです。黒澤明監督『**用心棒**』でも巨大な酒樽が描かれていますが、この時代の樽の大きさはタガの材料である竹の長さで決まるので、あんなに大きな酒樽は作れなかったそうです。

もし、どうしても時代考証が気になるようなら映画『**どろろ**』のように、あえて架空の時代設定というのもありです。

逆に、よく時代劇を書きますという人は、自分は当たり前のように知っているけれど一般の観客や視聴者は知らない人がたくさんいる、ということもありますので注意してください。

時代考証より感情移入させるキャラクター

もうひとつ、どんな時代を舞台にしていても観るのは現代の人です。

その時代はああだった、とか、当時の人はこうだった、と、いくら言っても現代の人に伝わらなければ意味がありません。

さらに現代の観客や視聴者を「面白い」と思わせることで「面白い」時代劇になるわけです。

そのためには現代の観客や視聴者を感情移入させること。

そのひとつとして、現代の観客や視聴者を感情移入させるキャラクターづくりがポイントになります。

内館牧子さんのエッセイ『バスがだめなら飛行機があるさ』（幻冬舎文庫）は、NHK大河ドラマ**『毛利元就』**に登場する女性たちを一人一人挙げ、それぞれ現代でいうと、どういうキャラクターなのかを描いています。

たとえば、藤野という元就の正室・美伊の方の侍女は、いわゆるブスで男にはまるでもてない、恋の経験がなく実はヴァージンであるという設定で、現代の女たちが持つコンプレックスをコテコテにテンコ盛りにしようと思ったと内館さんは書かれています。

この藤野を演じたのが加賀まりこさんですが、加賀さんが藤野はものすごいくせっ毛の天然パーマの女にしましょうと言ったそうです。

天然パーマのお姫様とか侍女とか時代劇で今まで見たことがないという内館さんに、私も見たことがないけど、真っ黒なストレートヘアが美しさのポイントだった時代に茶色っぽい髪やくせっ毛の女がいたはずだと思う、たぶん彼女たちはコンプレックスを持っていたと思うと答えて、とうとうNHKの結髪さんとくせっ毛のかつらを作ってしまったそうです。

もうひとり、杉の方という元就の父・弘元の側室。松坂慶子さんが演じ「心なんてものは顔の悪い女が磨くものじゃ」「仕事ばかりしておる女は顔がババくさくなるものよのう」「女は顔と口先で勝負するものじゃ」といったセリフでドラマがスタートするや、あっという間に人気をさらったキャラクターです。

内館さんは、私が杉のセリフを書くんじゃなくて、杉が口に出したことを私が書き写している感じ、と書かれています。

杉の「人間は、食べて、歌うて、恋をして、この三つをやっておればよいのじゃ。そういう人間には貧乏神が近寄れませぬぞ」というセリフ、これは「マンジャーレ（食べて）カンターレ（歌って）アモーレ（恋をして）」というイタリアの言葉があり、大昔に聞いて思い出すこともなかったのに、手が動いて書いていたのだそうです。

この本は時代劇に限らずキャラクター作りの参考に超オススメの本で、ほかにもまだまだ紹介したいところがいっぱいありますが、とりあえず、その時代にそんな人物がいたかどうか（いないかもしれないし、いたかもしれない）よりも、観客や視聴者にとって、どう感情移入できるか、どう魅力があるかのほうが、はるかに大切だということです。

山中貞雄の丹下左膳

山中貞雄監督の**『丹下左膳余話　百萬両の壺』**という映画は、アメリカ映画**『歓呼の涯』**をベースにしたと言われています。

といってもストーリーや設定はまったく違っていて、ベースにしたのはひとつはキ

雨の日の憂鬱

ャラクターです。それまでのクールで虚無的な丹下左膳のキャラクターに、表面はクールで強面だが実は好人物という『歓呼の涯』の主人公のキャラクターを当てはめています。

もうひとつは語り口というか、たとえば前のシーンでは「俺は送らねえぞ、絶対送らないからな」と言っておきながら、次のシーンでは送っているというセリフとは裏腹な行動をさせるという手法を多用しています。

それによって「これが丹下左膳？」と驚くような（実際に丹下左膳の原作者である林不忘からは、これは丹下左膳ではないと抗議を受け映画のクレジットには原作はありません）モダンで明るいコメディとして今までにない新鮮な映画にしています。

さきほど時代考証をあえて無視した例としてもあげた黒澤明監督の**『用心棒』**も、ダシール・ハメットのハードボイルド小説『血の収穫』を下敷きにしていると言われています。

同じ黒澤監督の**『隠し砦の三悪人』**は、山中峯太郎の冒険小説『敵中横断三百里』を下敷きにしているとも言われています。『敵中横断三百里』は日露戦争当時の中国大陸が舞台。そして『隠し砦の三悪人』を下敷きにして**『スター・ウォーズ』**がつくられています。

現代を時代劇にするのもありですが、もちろん、時代劇を現代にしたりSFにしたりするのもありなのです。

ワンポイント
時代設定→大胆に、自由に

錬金術　増補1

会ったとたんに一目ぼれの術

面白い出だしを書くには

人と同じように、シナリオも第一印象が大事。シナリオの第一印象とは「出だし」のことです。今回は、この「出だし」を面白く書くにはどうしたらいいか、をご紹介。

❖出だしで引きつけるには

初めて人に会う時の第一印象って大事ですよね。シナリオも同じ。第一印象、とても大事です。特にコンクールでは、最初の20枚が、とても重要なポイントになります。

たとえばプロデューサーが審査する場合、あらすじと（ほとんどのコンクールではシナリオの前にあらすじを添付する応募規定になっています）最初の20枚を読んで面白くなかったら落とすとまで言う人もいたりします。

「そんな、最後までよく読んで評価してくれよ！」と思いますが、現場のプロデューサーは出だしの10分で観客や視聴者を引きつけることに並々ならぬ力を注いでいます。出だしで面白くないと思われたら、テレビドラマなら、すぐにチャンネルを変えられてしまいます。映画のプロデューサーでも最初の10分どころか5分が勝負と言い切る方もいらっしゃいます。

もちろん、出だしさえよければそれでいいというわけではありませんが、最初の20枚を最重要ポイントと考えるプロデューサーも多いということです。

最後まできちんと読んでくれよ、ではなく、最初の20枚を読んだら最後まで読みたくなる、もっと言えば、お金を払ってでも読ませてくださいと頼みたくなるように書いてくれ、という感じでしょうか。

なので、普段の20枚シナリオ（⇩6頁）を最初の20枚のつもりで、どれだけ読む人（ゼミの仲間など）を引きつけられるか、書いてみるのもいいでしょう。

じゃあ、どうすれば20枚で引きつけられるのでしょう？

主人公に、普通はやらないけど、このキャラクターならやりそうなことをやらせてみてください。普通やりそうなことを、やりそうに描いても、なかなか引きつけられません。だって、それは普通ですから。誰もが考えそうな、ありきたりなシーンになりがちです。

でも、普通やりそうにないことを描くと、今までにない新鮮なインパクトのあるシーンになりやすくなります。

また、そのキャラクターならではの行動

を描くとキャラクターが伝わりやすくなります。キャラクターが伝われば、こんな主人公なら一体どんなドラマになるんだろう?と引きこまれますし、なるべく早くキャラクターが伝われば伝わるほど観客や視聴者は主人公に感情移入しやすくなります。

第一印象で主人公の個性を最大限に引き出して観客や視聴者の気持ちをグイッ!とわしづかみにしてください。

というわけで、今回は「会ったとたんに一目惚れの術」です。

❖『男はつらいよ』の寅さん

映画『**男はつらいよ**』を観てみましょう。

全48作続いて世界最長作品数としてギネスブックにも認定された映画シリーズの第一作。渥美清さんが演じた主人公・車寅次郎、またの名をフーテンの寅さんについては、おそらく、みなさん、ご存じでしょう。

16歳の時に父親と大ゲンカをして家を飛び出し、テキ屋稼業で日本全国を渡り歩く渡世人となった寅さんが、家出から20年後突然、生まれ故郷の葛飾柴又に戻ってくるところから第一作は始まります。

江戸川の土手に寅さんが座っています。渥美清さんが歌う主題歌が流れ、河川敷のゴルフ場が映ります。グリーンではゴルファーがパットを打ち、ボールは上手く穴に向かって転がっていきます。

見事パットが成功したかと思ったら何者かの手がサッとボールを拾い上げます。寅さんです。得意げにボールをゴルファーに放って戻すと、うん!とうなずきます。まるで、危なく穴に落ちるところだったけど、大丈夫、私が拾ってあげたから、いやいや、礼はいらないよ、とでも言うように(歌が流れているのでセリフはありませんが)。そして、意気揚々と去って行きます。

ゴルフのボールを穴に落ちそうだからと拾い上げるなんてことは普通はやりません。でも、おせっかいで、世間の常識ではなく自分の価値観で行動する寅さんなら、やりそうです。観客は、こんな主人公だったら一体どんな非常識な騒動を巻き起こしてくれるだろうと期待せずにはいられません。

❖『ピンポン』のペコ

『**ピンポン**』という映画では、ちょっと変わった始まり方をしています。松本大洋さんのマンガが原作。窪塚洋介さん演じる主人公・ペコ(星野裕)やARATA(現:井浦新)さん演じる幼なじみのスマイル(月本誠)を中心に、卓球で競い合う高校生たちを描いた青春スポーツドラマです。

ペコが大きな川にかかった橋の欄干の上に立っているところから映画が始まります。通りかかった警官が自殺だと思って、やめるよう説得します。ペコは「空飛ぶんだ。月にタッチするなんてわけないよ。アイ・キャン・フライ!」と叫ぶと川に飛び降ります。

実は、このシーンは映画の途中のワンシーンです。ペコはインターハイの予選で、やはり幼なじみのアクマに負けてしまい、やる気をなくして練習をサボり始めます。さらに、アクマが練習中のスマイルに試合を申し込み負けてしまいます。

ペコは、ラケットを焼却炉で焼いて卓球をやめようとします。しかし、勝手な対外試合で負けて退部となった上に暴力事件を起こして退学となったアクマと再会、橋の上で卓球を続けろと叱咤されます。「じゃなきゃ、おまえに憧れたスマイルや俺が浮かばれねえ」と。

ここで、欄干の上から川に飛び降りるトップシーンになるわけです。

その後、ペコは伸ばしっぱなしにしていた髪をハサミで切り、幼いころから通い続けている街の卓球場のオババに「もう一回、握り方から教えてくれろ！」と新たな気持ちで卓球に取り組み始めるのです。

途中のシーンを、あえてトップにしている理由は、いくつか考えられると思いますが、その一つとして最も普通はやらないことで、この主人公ならやりそうなことを描いているシーンだからということがあるでしょう。そのため、とてもインパクトのあるトップシーンとなり観客がグイッと引きこまれます。

❖『結婚できない男』の偏屈ぶり

テレビドラマの例も観てみましょう。

『結婚できない男』の出だしは、まず阿部寛さん演じる主人公が高級マンションの部屋で料理しているところから始まります。アイスペールでワインを冷やし、ナイフとフォークを両脇に並べて。胸にナプキンをし満足気にニヤニヤしながら食事をしていると、助手から電話がかかってきます。顧客のパーティーに出席するはずだったのです。

パーティー会場で助手が女の子と楽しく話をしていると、主人公が現れます。外は雨だからでしょうがウールの帽子を目深にかぶりグレーのジャンバーという、まるで逃亡中の犯罪者のような、およそパーティーには似つかわしくない服装で。

主人公は女の子と会話を交わしますが、『ブレードランナー』という映画の話になり、女の子が「そのうち観ます」と言うと、つい「フン、そのうちなんて言って観た奴なんて、ほとんどいませんよ」と言ってしまいます。

さらに、気まずい雰囲気を変えようと女の子が「何か召し上がります？　このスパゲッティ、美味しいですよ」と言うと、主人公は「スパゲッティというのは直径1・9ミリのものをいうんですよ。これはちょっと細いから厳密にはスパゲッティーニ。本当はスパゲッティーニ美味しいよと言うべきなんですよ」などと語って女の子に逃げられます。

このあと主人公はマンションの隣室に住むOLや義弟の病院の女医さんと出会い、ラブストーリーが展開していくわけですが、こんな偏屈で皮肉屋な主人公のラブストーリーって一体どうなるの？と思わせてくれます。

　このように行動だけでなく、普通は言わないけど、この主人公だったら言いそうなセリフを考えるのも一つの手です。

　普通はやらないけど、この主人公ならやりそうなことにしても、普通は言わないけど、この主人公なら言いそうなセリフにしても、普通はやらないことや言わないことなので身の周りを見回しても、なかなか見つからないかもしれません。想像力をフル回転させて発想してみてください。

★普通はやら（言わ）ないけど、このキャラクターならやり（言い）そうなことをやら（言わ）せる

錬金術　増補2

塩がアンコを甘くするの術

「この脇役は主人公にしたほうがいいのかな」と迷ったら——脇役の描き方

「主役と脇役の描き分けが苦手」「脇役のほうが面白く書けちゃう」とお悩みの方にぜひお読みいただきたいのが今回のお話です。

❖脇役は脇役

　シナリオを書いているうちに脇役だったはずの人物のイメージがふくらんできて気がつくと主人公そっちのけで脇役ばかり書いていた経験はありませんか？

　あるいは20枚シナリオを書いていて、あれ？　こっちの脇役を主人公にしたほうがいいんじゃないかなと途中で主人公を変更したことはありませんか？

　時々、ゼミで20枚シナリオを受け取って見ると人物表の1番目の人物と2番目の人物を矢印で順番を入れ替えてあったりします。

　でも、**主人公を入れ替えて上手くいくことは、まず、ないでしょう**。主人公が変わるということはドラマそのものが変わるということです。もちろん、主人公を変えた時点でシナリオを白紙にしてゼロから書き直せば別かもしれませんが。

　実際のプロの現場でも主人公を入れ替えることは、ほとんどありません。企画を作る段階から、どんな主人公にするかは、どんなことよりも重きをおいて考えられ、それが途中で、やっぱり、こっちを主人公にしようとは、まず、なりません。

また、主人公のキャスティング（どの俳優が演じるか）がすでに決まっている場合もあります。そうなると主人公を変えるなんて、ありえません。あくまでも脇役は脇役なのです。

アンコを作る時に塩を加えるのを、ご存知ですか？　塩を加えることで、より甘味が強く感じられるようになるのですが、でも塩を加えるのは、あくまで少量であり脇役です。

そりゃそうですよね、塩が多くなって主役になってしまったら、甘くない、しょっぱいアンコになってしまいますから。

というわけで、今回は「塩がアンコを甘くするの術」！

❖主人公を困らせる

じゃあ、**脇役の使命は何かというと、主人公を困らせること**です。

もちろん、脇役が主人公を助けるケースもあるんですが、基本的には主人公が困るようなキャラクターに作り、主人公を困らせているところを描いてみてください。

脇役が主人公を困らせるというポイントを、しっかり押さえておけば、脇役ばかり描いてしまったり、どっちが主人公か分からなくなったりしなくなります。

たとえば、映画『**羊たちの沈黙**』のハンニバル・レクター（アンソニー・ホプキンス）。

原作の小説はレクター博士を主人公としたシリーズものですが、この映画『羊たちの沈黙』では主人公のクラリス・スターリング（ジョディ・フォスター）を困らせる（後半、連続殺人事件解決のヒントを与えますが）役に徹底しています。

ストーリーは、連続猟奇殺人が発生、FBI訓練生のクラリスは主任捜査官から、もとは天才的な精神科医でありながら殺害した被害者の人肉を食べたため州立精神病院に収監されているレクター博士の協力を得るよう命じられます。それまで捜査への協力を一切拒否していたレクターがクラリスにだけは協力する姿勢を見せ始め、というサスペンス。

とにかく、このレクターという男、最凶の怪物です。

かつて精神病院で拘束を解かれた、ほんの一瞬で、看護婦の顎に噛みついて骨を砕き舌を食いちぎって食べてしまったのです。その異常な行動によって州立病院精神異常犯罪者診療所に終身拘束されています。

仕切りガラスに近づくな、個人的な話はするな、レクターからは何も受け取るな、など細かい注意を受けて面会しますが、クラリスは会うだけでもビビりまくりです。

さらにクラリスが訪ねてきた時、隣の囚人が侮辱的な言葉を言ったり行動をしたのに対しレクターは、その囚人を言葉だけで追いつめ自殺させています。つまりレクターは言葉を交わすだけでも相手を殺すことができるわけです。

そして、クラリスは捜査に協力してもらう代わりにレクターから自分の過去について質問され答えなければならなくなります。

後半、レクターはクラリスに事件解決のヒントを与え（その後、見事に脱獄！）、そこからクラリスは真犯人にたどり着くのですが、それまではクラリスがレクターと会うたびに、どうなる？　どうする？　と引きこまれます。

レクターのような個性の強い強烈なキャラクターができた時、主人公よりインパクトがあるので、つい、こちらを主人公にしたほうがいいんじゃないかと考えてしまいがちです。

ただ、レクターのようなキャラクターだと、観客や視聴者は共感したり、感情移入しにくくなります。まずは、観客や視聴者が共感・感情移入できるような主人公のキャラクターを考えてみてください。

❖『ディア・ドクター』

主人公を困らせる脇役はレクターのような極悪人や個性の強い人物ばかりではありません。映画『ディア・ドクター』の八千草薫さん演じる鳥飼かづ子は、悪人でもありませんし決して個性も強くありません。

主人公は笑福亭鶴瓶さん演じる伊野治。かつて無医村だった山間の小さな村の診療所の村唯一の医者で、村人たちから名医と信頼され人柄も慕われていましたが、実はニセ医者です。

かづ子は未亡人で、三人の娘がいるのですが、それぞれ村から離れて生活していて一人暮らし。伊野は、かづ子に近づかないようにしていました。かづ子の娘の一人が本物の医者だからです。

しかし、胃を押さえてうずくまっているところを偶然通りかかり放っておけません。診察してみると癌です。しかも、かづ子は娘たちに負担をかけまいと、本当のことを言わないでほしいと伊野に頼みます。

伊野は断れません。独学で胃癌の治療にあたりながら、何とか、かづ子の娘にウソをつこうとして別人の胃カメラを用意したりします。そのことでニセ医者であることがバレそうになり伊野は追い込まれていきますが、かづ子は伊野がニセ医者であることを知りません。

意図的に困らせているのではないのですが、結果的に主人公を困らせ右往左往させて、追いつめてしまっているのです。

❖『素直になれなくて』

テレビドラマ『素直になれなくて』では、東方神起のジェジュンさんが演じたパク・ソンス（ハンドルネームはドクター）も悪人ではありませんでした。それどころか、むしろ、すごくいい人です。でも、いい人だからこそ上野樹里さん演じる水野月子（ハンドルネームはハル）を困らせていきます。

ストーリーはツイッターで知り合った5人の男女が恋愛や仕事に悩みつつ友情を育てていく姿を描く青春群像劇ですが、ハルと瑛太さん演じる中島圭介（ハンドルネームはナカジ）のラブストーリーがメインです。ドクターはハルに思いを寄せストレートに愛を告白したり、メンバーの前で自分がハルを好きだと宣言したりします。

実はハルはナカジのことを好きなのですが、ドクターが、あまりに素直で真っ直ぐなので傷つけることができません。

さらにドクターは、ナカジの恋人のことで傷つき泣いていたハルを優しく励ましたり、高校の非常勤講師をしているハルが教え子たちに襲われているのを助けたりします。

ハルは、ドクターの想いを受け入れ交際を始めます。そんなハルにドクターはプロポーズ、韓国に一緒に行って欲しいと頼みます。ここでもハルとナカジの行き違いがあって……と、ハルが振り回され困らされるのです。

たとえ「こんなこと、自分は絶対できません」ということでも、あえて自分ではできないことをできてしまうキャラクターを考えて、主人公を困らせてみてください。

★主人公を困らせる脇役を描く

錬金術　増補3

目に青葉、山ほととぎす、初鰹の術

映像が浮かんでくるシナリオのコツ——季節感を入れる

映像が自然に浮かんでくるシナリオは、ドラマの世界に引き込まれます。そういったシナリオはこんなことを意識すると書けるようになりますよ！というお話。

❖映像を浮かべやすくするには

ゼミで20枚シナリオを聞いていると、映像が自然に浮かんでくるシナリオとなぜか映像が浮かびにくいシナリオがあることに気づきます。ト書を詳しく書いてあれば浮かびやすいかというと、そういうわけでもありません。むしろ、あまり詳しすぎると、かえって浮かびにくくなったりしがちです。

もちろん映像が自然に浮かんでくるほうがドラマの世界に引き込まれます。聞いていて楽ですし時間も短く感じます。逆に映像が浮かばないとドラマの世界にまったく入れず同じ20枚のはずなのに時間も長く感じて、ちょっと苦痛だったりします。

「面白い」と感じるか「面白くない」と感じるかに、映像が浮かびやすいか浮かびにくいかは大きく影響しているわけです。

じゃあ、どうすれば映像が浮かびやすくなるのか?

一つコツを紹介すると、季節感を入れることです。

いま、あなたが書いている20枚シナリオの季節はいつですか? 意外と考えていない人が多いのではないでしょうか。

でも、たとえば表参道の表通りを主人公が歩いている描写をする時に、蝉の鳴き声が聞こえている描写を加えることで、はるかにイメージしやすくなりませんか? あるいは、クリスマスのイルミネーションの描写を加えることで映像が、より鮮やかに浮かびませんか?

おそらく、蝉の鳴き声やクリスマスの季節感を入れることで、主人公の顔が汗で光っていたり、吐く息が白かったり、周りの人たちの服装、日差しの感じなどを具体的に浮かべることができるようになるからでしょう。さらに、暑さ寒さや空気の重い感じや張りつめた感じ、匂いなど映像にはならないことまで自然に想像してしまいます。

つまり季節感を入れることで五感が刺激され、そのために自然に映像が浮かびやすくなるのだろうと思います。あなたのシナリオにも季節感をプラスすることで五感を刺激し、より映像を浮かびやすくしてみてください。

というわけで今回は、「目に青葉、山ほととぎす、初鰹の術」!

❖『ALWAYS 三丁目の夕日』の春夏秋冬

映画『ALWAYS 三丁目の夕日』を観てみたいと思います。

ストーリーは、昭和33年、完成していく東京タワーを背景に東京の下町・夕日町三丁目に住む人々の姿を二つの家族を中心に描かれています。一つは自動車修理工場の鈴木オートに堀北真希さん演じる星野六子が、その向かいの吉岡秀隆さん演じる茶川竜之介の駄菓子屋には須賀健太さん演じる古行淳之介が家族の一員として加わります。この血のつながりのない二組の家族が本当の家族以上に家族になっていくホームドラマが、春夏秋冬のそれぞれの季節のエピソードで描かれていきます。

まず春の集団就職で六子が上京するシーンがあり、鈴木オートに住み込みで働き始めるエピソードと、茶川が酔った勢いで淳之介を引き取ってしまうエピソードがあり、夏になります。店先で氷水で冷やされたラムネや井戸で冷やされているスイカ、風鈴売りなどの映像で時間経過させています。

字幕タイトルで「三カ月後」などとするより、はるかに自然に時間経過を感じさせることができますし、たとえば鈴木オートの外観に字幕タイトルを入れただけのシナリオでは映像は浮かびにくくなりがちですが、ラムネやスイカ、風鈴売りと描写されていれば映像が浮かびやすくなります。

ここで六子が食あたりを起こすエピソードがあります。シュークリームを生まれて初めて見て、賞味期限が過ぎ、もうダメだから捨てておいてと言われたのに、どうしても食べてみたくなってしまったのです。そして、六子の食あたりをきっかけに鈴木オートはテレビに続き電気冷蔵庫を買うのです。

たとえば、冬のエピソードとして茶川が淳之介にクリスマスプレゼントを贈るのがあります。「僕のところにサンタ来たことないですから」という淳之介に「今年は来るかもしれないだろ」と言って何がほしいか聞くと「えんぴつと消しゴムがいいです」と答えます。でも、茶川は、淳之介が万年筆の絵を描いているのを見つけます。

そして、わざわざ人に頼んでサンタの格好をしてもらい万年筆を届けてもらいます。淳之介は初めてサンタが来たことと、ほしかった万年筆をプレゼントされ大感激します。この万年筆がクライマックスの重要な小道具にもなっていきます。

❖『スウィングガールズ』の季節

映画『スウィングガールズ』は夏から冬にかけての季節で描かれています。

ストーリーは、上野樹里さん演じる鈴木友子はじめ落ちこぼれ女子高校生たちが吹奏楽部のピンチヒッターでビッグバンド・ジャズを始めたことをきっかけに自力で楽器を集めバンドを結成、音楽祭で見事な演奏を披露するようになるという青春ドラマです。

ストーリーとしては特に季節は関係ありません。夏から冬である必要はまったくないのです。しかし、季節がドラマにからめて取り入れられています。

たとえば、友子たちが吹奏楽部のピンチヒッターをすることになるきっかけは夏。食中毒です。高校野球の応援をする吹奏楽部に、配達の遅れた弁当を、ちょうど夏休みの補習で学校にいた友子たちが届けることになります。

ところが、電車を乗り越したことから歩いて届けることになり弁当が炎天下に長時間さらされ、その弁当を食べた吹奏楽部の学生たちが食中毒で倒れたため、友子たちがピンチヒッターをつとめることになるのです。

そして、ビッグバンド・ジャズと出会います。

楽器を買うための資金集めは秋。松茸狩りです。松茸を採って金に換え楽器を買おうと企む友子たちですが、入ってはいけない山であることに気づき、人に見つからないように隠れているうち猪と出くわします。友子たちは逃げまわりますが、偶然、猪を退治することができます。その猪が農作物を荒らす猪だったため友子たちは表彰され、感謝状と謝礼金をもらって楽器を買うことができます。

クライマックスは冬です。舞台は東北地方の設定で一面の雪景色です。音楽祭に出演しようとオーディションのためのビデオ演奏を雪景色をバックに撮影した後、友子たちは雪合戦を始めます。気分は最高に盛り上がります。

が、そのビデオを友子が郵送し忘れ、バンドは出演できなくなります。それを友子はメンバーに言い出せず、当日、会場へ向かいます。大雪のため電車が止まり、そこで友子は打ち明けます。みんな、やってられないよ～となりますが、まあ、いいか、とばかりに止まった車内で演奏を始めます。

と、そこへ吹奏楽部のバスが来ます。ほかの高校が大雪のために来られなくなり、友子たちのバンドが出演できることになって迎えに来たのです。そして、クライマックスの演奏につながっていきます。

❖『となりのトトロ』の季節感

宮崎駿アニメの『**となりのトトロ**』の季節は春から夏にかけてです。

ストーリーは、昭和30年代、田畑や森に囲まれた家に引っ越して来たメイとサツキの姉妹が森に住むトトロという不思議な生き物と出会って……というホームドラマをベースにしたファンタジーです。これも春から夏である必要は、まったくありません。また、特に、その季節ならではのエピソードでドラマが描かれているわけでもありません。しかし、あちこちに季節を感じさせるものが散りばめられています。

たとえば、メイとサツキが引っ越して来たシーンでは、おはぎが出てきます。隣に住むカンタというサツキと同級生の男の子がおはぎを持って来て「お前んち、お化け屋敷！」と叫ぶのです。そのあと、父親や姉妹、手伝いに来ていた隣の家のおばあちゃんと一緒におはぎを食べるのですが、おそらく、お彼岸あたりだと想像させます。

姉妹が母親の入院している病院へ初めてお見舞いに行くシーンでは「今日、田植え休みなの」というセリフがあります。

メイが初めてトトロに会うのは、おたまじゃくしがたくさんいて、それを採ろうとバケツを拾ったら……というのがきっかけでした。

クライマックスはメイがいなくなりサツキがトトロに頼んで探してもらうのですが、メイは採れたてのトウモロコシを母親に届けようとして迷子になったのでした。

その季節ならではのエピソードをドラマにからめられればいいのですが、そうでなくても、このように季節感を散りばめるだけでも十分です。

逆に、季節を決めることで、その季節ならではのエピソードが浮かびアイデアが浮かぶこともありますので、ぜひ試してみてください。

★季節感は映像化の手がかりに

錬金術 増補4

愛をアピール！ 孔雀の羽根の術

テーマと題材「うまく書けてなくていいから書きたい思いをぶつける」とは

「うまく書けなくてもいいから、〝これを書きたい！〟という思いをぶつける」とは、具体的にどういうことでしょうか？　この言葉の意味を解きます。**「題材」や「テーマ」についても再確認できる良い機会**になりますよ。

❖上手くなくていいのか

「上手くなくていい、自分はこれを書きたいんだという思いをぶつけてほしい」

コンクールの選評座談会などで時々見かける言葉です。

では、本当に「上手くなくていい」のでしょうか？　本来「上手い」とは、人に面白いと思ってもらえる技術があるということです。ということは「上手くなくていい」とは「面白くなくていい」ということになってしまいます。そんな馬鹿なことはありません。面白いのと面白くないのでは、面白いほうがいいに決まっていますよね？

この「上手くなくていい」という言葉の本当の意味は、きれいにまとまってなくていいよ、多少は欠点があってもいいよ、という意味だと思います。

じゃあ、次に「自分はこれを書きたいんだという思い」をぶつけるには、どうしたらいいでしょう？　思いを強く抱いてシナリオを書けば、その思いは自然に、にじみ出てくるものでしょうか？　思いを指先にこめてパソコンのキーボードを叩けば、思いのこもったシナリオになるでしょうか？

たぶん、それでは思いを伝えることさえできないでしょう。作者自身が思いがこもっていると自己満足し、だから伝わるはずだと勘違いすることはあるかもしれませんが、少なくても、その思いが人に伝わることはないと思います。思いを伝えるにはカタチにして目に見えるようにしてあげる必要があります。

たとえば、孔雀が愛をアピールするのに大きな羽根を広げるように。さらに、より強く思いをぶつけるには、より大きく、より色鮮やかな羽根にしなければなりません。そのためには技術がいります。思いをカタチにする技術、より強く伝える技術が。

そうなのです、思いをぶつけるには「上手くなくていい」のではなく、技術がいるのです。上手くなくては思いはぶつけられないのです。

というわけで今回は、愛をアピール！孔雀の羽根の術。

❖テーマと思い入れ

まず「自分がこれを書きたいんだという思い」って具体的には、どういうことでしょう？　もちろん、みなさんがシナリオを書く時は自分が書きたいものを書いているわけです。こういう題材を書きたい、こういう話を書きたいと思って。

じゃあ、そのシナリオを読んでくれた人（たとえばコンクールの審査員など）に、どう思ってもらいたいのでしょう？　あるいは、みなさんのシナリオが映画やテレビドラマなどになって、その映画やドラマを観た観客や視聴者に、どう感じてもらいたいのでしょう？　ここが、自分がこれを書きたいんだという思いになります。

つまり、自分が書きたいというだけにとどまらず、シナリオを読んでくれる人や映画やドラマの観客や視聴者に、どう思ってもらいたいか、どう感じてもらいたいか、ということです。これをテーマと言い換えてもいいかもしれません。

テーマを「自分は何を書きたいか」だと思っていると、題材と勘違いしてしまう人が多いので注意してください。たまにシナリオ診断などで「テーマは何ですか？」と質問すると、たとえば「私は引退するプロ野球選手の話を書きたいんです」と答える方がいらっしゃいます。これはテーマではなくて題材です。

引退するプロ野球選手の話を書くことで、読んでくれる人や、映画やドラマになった時に観客や視聴者に何を感じてもらいたいか、まで考えてください。たとえば、どんなに頑張っても引退する（クビになる）ことは変わらない、それでも最後の最後まで全力を尽くす、たとえ結果はわかっていても最後まで全力を尽くす気持ち良さやカッコよさを感じてもらいたい、みたいなことです。

この自分が書きたい思いなりテーマが伝われば、たとえば片思いで悩んでいる女子高生が観て、たとえフラれても自分の気持ちを伝えたほうが気持ちいいしカッコいいな、と思ってくれるかもしれません。

明日も満員電車に揺られて会社行くの嫌だなあ、と思って観ていた中年サラリーマンが、たとえ出世しなくても、明日一日、自分なりに力を尽くして働いてみよう、そうすれば美味いビールが飲めるかもしれないと思ってくれるかもしれません。

無言電話をかけ続けるストーカー、どんなに無言電話をかけ続けても、あの人は振り向いてくれるわけない、いや、それどころか嫌われるばっかりだと思っていたのが、その映画やドラマを観て、たとえ振り向かれることがなくても頑張って無言電話をかけ続けようと思ってしまったら逆効果なんですが……。

注意してもらいたいのは、どうしても、この題材を書きたい、こういう話を書きたいという思い入れが強い時です。自分が書きたいという思いが強すぎると、シナリオを読んでくれる人や観客や視聴者に、どう感じてもらいたいかまで考えないで、結果として、作者の思いばかりが押しつけがましく、そのくせ読んだ人や観客や視聴者の気持ちが動かされないシナリオになりがちです。

❖テーマは変化で描く

では、どうすれば自分がこれを書きたいという思いなりテーマなりをぶつけることができるでしょう？　セリフで言えばいい？

たしかに、それが一番手っ取り早くてわかりやすいかもしれませんが、テーマなり自分の思いなりをセリフで直接語ってしまうと、どうしても説教臭くなって、かえって反発されがちです。最初こうだったのが最後こうなるという変化で、観客や視聴者が自然に感じ取れるよう考えてみてください。

映画**『ローマの休日』**を観てみましょう。王女と新聞記者の出会いから別れまでを描いたシンプルなラブストーリーです。ラブストーリーだからといって恋愛がテーマというわけではありません。王女と新聞記者の恋は、あくまでも題材です。

主人公のアン王女は、最初は周りの人たちの指示通りに話し行動しています。そのため、とても窮屈で不自由に感じています。そこで自由を求めて、こっそり宿泊先を抜け出します。が、最後は王女として宿泊先に自ら戻ってきます。そして、自分の言葉で話し行動し始めます。

この映画は、アン王女と新聞記者の恋だけをみれば悲しい結末です。決してハッピーエンドではありません。しかし、映画を観終わった後、不思議と明るい気持ちになるのは、この変化によってテーマを感じているからだと思います。

『フル・モンティ』という映画は、製鉄工場で働いていた男たちがストリップをするというコメディですが、最初は口ばっかりでカッコばかりつけていた主人公が、最後は意地もプライドも脱ぎ捨てて身も心もフル・モンティ（＝フルチン）になるという変化が描かれています。

また、**『レオン』**は、孤独な殺し屋が女の子の復讐のため麻薬の裏取引のボスと闘うアクション映画ですが、最初は自分の身を守るために一時も気を許さず、人と交わることのなかった主人公が、最後は女の子の復讐を果たすために自爆するという変化が描かれています。最初は鉢植えで育てられていた主人公の観葉植物が、最後は女の子の手によって大地に植えられるという変化も印象的です。

特にコメディやアクションは、ともすると笑いやアクションそのものを描くだけになりがちですが、きちんと変化を描いている作品もあるので参考にしてください。

ただ、自分のシナリオを読んでくれる人や、映画やドラマになった時、観客や視聴者に、どう思ってもらいたいか、どう感じてもらいたいかを考えることは大切ですが、なかなか難しく時間もかかる大変な作業になります。

なので、コンクールのシナリオを書くときなどは、最初こうだったのが最後こうなるという変化だけを、しっかり考えるようにしてください。それだけで十分に自分はこれを書きたいんだという思いなりテーマなりを、ぶつけることができるはずです。

また、20枚シナリオでは、そこまで考える必要はないと思います。20枚シナリオは、あくまで部分ですし、そこまで考えていたら1本書くのに時間がかかり過ぎてしまうでしょう。できれば20枚シナリオは1週間から2週間ぐらいで、どんどん書いていってほしいので。

コンクールに応募するシナリオなど一つの作品として書くときに、ぜひ、最初こうだったのが最後こうなるという変化を描いて、自分はこれを書きたいんだという思いなりテーマなりを伝えてみてください。

★テーマは、最初こうだったのが最後こうなるという変化で伝える

著者………浅田直亮（あさだ・なおすけ）
1983年、早稲田大学第一文学部卒業、2007年、早稲田大学大学院国際情報通信研究科修士課程修了。1993年、フジテレビ系『八丁堀捕物ばなし』シリーズでシナリオ・ライターとしてデビュー。シナリオ・センター講師。入門講座からゼミ、コンクール対策講座など幅広く担当。シナリオ・センターが主宰するコンクール〈シナリオＳ１グランプリ〉では最終選考審査員を務めている。著作『増補版「懐かしドラマ」が教えてくれるシナリオの書き方』（共著）『シナリオ錬金術』『シナリオ　パラダイス』『シナリオ錬金術２』『ちょいプラ！　シナリオ創作術』（以上言視舎）等。

イラスト……西純子（にし・じゅんこ）
東京デザイン専門学校卒業。コーブイトウ広告社でグラフィックデザイナーとしてＢＭＷの広告デザインなどに携わった後、ソニー・クリエイティブでプロダクトデザインを手がける。現在ＩＴ企業でアートディレクターを務める。イラスト作品には『ハッピーリタイア』（ゴマブックス）等。

ＤＴＰ組版………勝澤節子

＊本書は『月刊シナリオ教室』（シナリオ・センター刊）の「シナリオ錬金術」（2006年10月号〜）を再編集したものです。
シナリオ・センターの講座へのお問い合わせ・申し込みは下記まで
〒107-0061　東京都港区北青山3-15-14
TEL 03-3407-6936　FAX 03-3407-6946
https://www.scenario. co.jp/　e-mail:scenario@scenario.co.jp
＊＊本書は2009年12月彩流社、2011年6月弊社から刊行されたものを増補・再編集したものです。

「シナリオ教室」シリーズ
【増補改訂版】いきなりドラマを面白くする
シナリオ錬金術
ちょっとのコツでスラスラ書ける37のテクニック

発行日❖2024年11月30日　初版第１刷

著者
浅田直亮

発行者
杉山尚次

株式会社言視舎
東京都千代田区富士見2-2-2 〒102-0071
電話03-3234-5997　FAX 03-3234-5957
https://www.s-pn.jp/

装丁
山田英春

印刷・製本
㈱厚徳社

ISBN978-4-86565-283-3 C0374